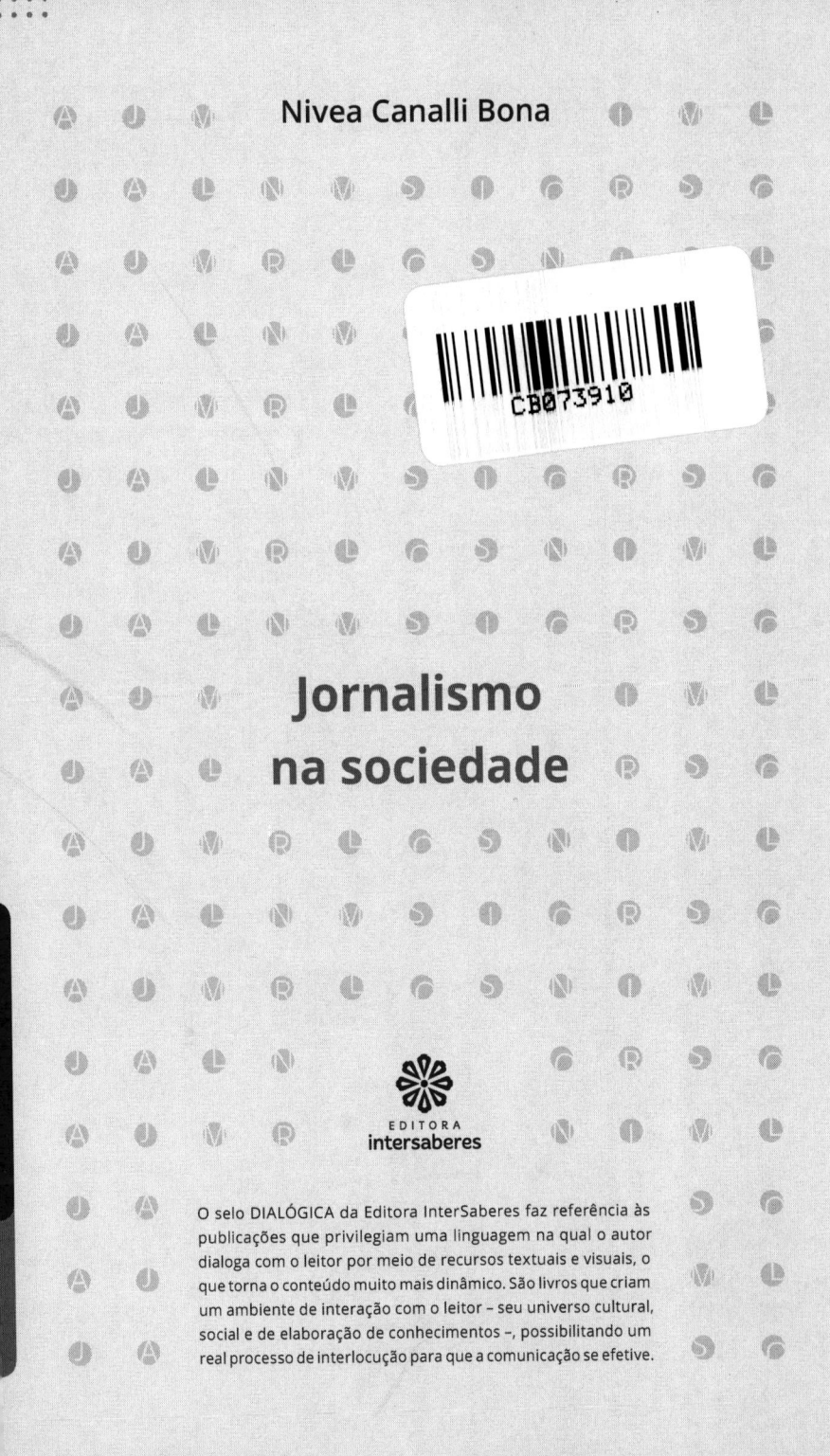

Nivea Canalli Bona

Jornalismo na sociedade

EDITORA
intersaberes

O selo DIALÓGICA da Editora InterSaberes faz referência às publicações que privilegiam uma linguagem na qual o autor dialoga com o leitor por meio de recursos textuais e visuais, o que torna o conteúdo muito mais dinâmico. São livros que criam um ambiente de interação com o leitor – seu universo cultural, social e de elaboração de conhecimentos –, possibilitando um real processo de interlocução para que a comunicação se efetive.

EDITORA intersaberes

Rua Clara Vendramin, 58 . Mossunguê
CEP 81200-170 . Curitiba . PR . Brasil
Fone: (41) 2106-4170
www.intersaberes.com
editora@editoraintersaberes.com.br

Conselho editorial
Dr. Ivo José Both (presidente)
Dr.ª Elena Godoy
Dr. Nelson Luís Dias
Dr. Neri dos Santos
Dr. Ulf Gregor Baranow

Editora-chefe
Lindsay Azambuja

Supervisora editorial
Ariadne Nunes Wenger

Analista editorial
Ariel Martins

Preparação de originais
Ghazal Edições e Revisões

Capa e projeto gráfico
Charles L. da Silva

Diagramação
Estúdio Nótua

Iconografia
Célia Kikue Suzuki

Dados Internacionais de Catalogação na Publicação (CIP)
(Câmara Brasileira do Livro, SP, Brasil)

> Bona, Nivea Canalli
> Jornalismo na sociedade/Nivea Canalli Bona. Curitiba: InterSaberes, 2017. (Série Excelência em Jornalismo)
>
> Bibliografia.
> ISBN 978-85-5972-534-6
>
> 1. Jornalismo I. Título. II. Série.
>
> 17-08648   CDD-070

Índices para catálogo sistemático:
1. Jornalismo   070

1ª edição, 2017.

Foi feito o depósito legal.

Informamos que é de inteira responsabilidade da autora a emissão de conceitos.

Nenhuma parte desta publicação poderá ser reproduzida por qualquer meio ou forma sem a prévia autorização da Editora InterSaberes.

A violação dos direitos autorais é crime estabelecido na Lei n. 9.610/1998 e punido pelo art. 184 do Código Penal.

Sumário

10	*Prefácio*
13	*Apresentação*
16	*Como aproveitar ao máximo este livro*

Capítulo 01
20 Para falar de jornalismo
21	A importância da informação na sociedade
28	O papel da comunicação na sociedade
38	O papel do jornalismo na sociedade
44	Introdução às teorias dos meios de comunicação de massa
56	Definição conceitual e características do jornalismo

Capítulo 02
68 Jornalismo: como se faz?
69	Processo de comunicação e noções sobre a produção jornalística
76	Reconhecimento e seleção dos acontecimentos
83	Critérios de noticiabilidade
90	Valores-notícia
98	Notícia

Capítulo 03
107 As diversas faces do jornalismo
- 108 Objetividade jornalística
- 116 Jornalismo como conhecimento
- 122 Jornalismo como instituição
- 129 Jornalismo como profissão
- 135 Jornalismo como ciência

Capítulo 04
147 Jornalismo na rua
- 148 Jornalismo, autonomia e liberdade
- 157 Subjetividade no jornalismo
- 161 Reportagem
- 169 Grandes nomes da reportagem no mundo
- 179 Grandes nomes da reportagem no Brasil

Capítulo 05
195 Jornalismo contemporâneo
- 196 Desafios contemporâneos da prática profissional
- 200 O Novo Jornalismo
- 208 Jornalismo alternativo
- 213 Jornalismo na era digital
- 220 Diferentes inserções do jornalismo como profissão

Capítulo 06
229 Para refletir sobre jornalismo
- 230 Perfil profissional do jornalista
- 238 Responsabilidades e riscos da profissão
- 243 Consumo da informação
- 250 Jornalismo de massa
- 256 Jornalismo segmentado

- 270 *Para praticar*
- 272 *Para concluir...*
- 275 *Referências*
- 282 *Respostas*
- 286 *Sobre a autora*

Dedico esta publicação a todos os que estão por aí não apenas recebendo e carregando o conhecimento dos dinossauros da profissão, mas também inventando um Novo Jornalismo, um novo jeito de contar histórias. A essas pessoas, meu grito de "vai lá e faz bonito"!

Há sempre uma geleia geral[1] que nos forma e nos conforma. Nenhum produto é exatamente nosso nem puro o suficiente para dizermos que saiu exclusivamente da nossa cabeça. Por isso, esta obra é resultado de muita leitura, de muita correção de trabalhos de alunos e de discussões com professores e com alunos de pós-graduação que sempre estavam buscando respostas às perguntas de pesquisa. Nesse sentido, é – como todas as obras acadêmicas devem ser – fruto da leitura de jornais e revistas, de programas de TV e rádio, de observações e, sobretudo, de trocas. É consequência também de amizades que se deixam incomodar em pleno domingo para ajudar.

Agradeço primeiramente à minha família, que tanto estimulou a persecução a esses objetivos de vida.

Agradeço também aos colegas que trabalharam comigo, aos alunos que passaram pela minha sala de aula, aos professores que tanto me orientaram e às instituições que me receberam como aluna, convidada ou colaboradora.

- - - - -

[1] A expressão *geleia geral* foi usada pela primeira vez no título de uma música de Gilberto Gil, em meio ao movimento cultural brasileiro chamado de *Tropicália*, nos anos 1960. A geleia geral brasileira é essa mistura de diversidade, culturas e jeitos de viver que encontramos no Brasil.

Além disso, meu muito obrigada especial aos amigos Denise Becker, Roberto Nicolato e Mariana Bucaneve, por toda a ajuda com as bibliografias que estavam distantes de mim.

Por fim, como não poderia deixar de ser, um agradecimento a esse mundão de Deus, matéria-prima de todo conhecimento e de toda busca.

"Nenhum tema é alheio à boa reportagem. Toda vida humana está aqui."

Jon E. Lewis, em O grande livro do jornalismo

Prefácio

Propiciar a compreensão da importância do jornalismo na sociedade é o principal objetivo de Nivea Bona neste livro. Com uma linguagem acessível, a autora guia o leitor utilizando-se muito mais de perguntas do que de afirmações, fazendo jus ao papel fundamental de qualquer jornalista, ou seja, o de indagar, questionar, perguntar e duvidar.

Em tempos de afrouxamento das regulações profissionais – marcado no Brasil pela decisão do Supremo Tribunal Federal (STF) que acabou com a obrigatoriedade do diploma de Jornalismo para a obtenção do registro profissional na área, pelo aumento de relatos de violência contra jornalistas ou pela chamada *crise do modelo de negócio* do jornalismo –, observa-se um cenário nebuloso para esses profissionais. Aliado a um processo de comunicação em rede, por meio da internet, em um fenômeno que pode ser entendido como a *explosão do jornalismo* (Ramonet, 2012), ocorre o surgimento de uma série de iniciativas – em grande parte amadoras –, que disputam também as atenções com as produções profissionais.

Expostos a um mercado mais competitivo, os jornalistas, e também a produção jornalística, sofrem a pressão das demandas do próprio negócio do jornalismo e ficam, então, mais suscetíveis a erros, a equívocos e à baixa qualidade. O momento atual exige, portanto, ainda mais preocupação e distinção dos jornalistas para que o extremo valor da profissão – a qual é fundamental para a sociedade – seja reconhecido.

Contraditoriamente ao processo de retração do jornalismo, verifica-se que o consumo de conteúdos jornalísticos tem avançado significativamente em quase todos os suportes. Isso demonstra que a informação tratada de modo profissional, isento e responsável nunca foi tão importante como agora em que se vive a chamada *era da pós-verdade*.

Tendo em vista todos esses fatores, a obra *Jornalismo na sociedade* é provocativa e nos leva a repensar e questionar nossas certezas e verdades. Além disso, a autora estabelece um diálogo com qualquer pessoa que atua ou que deseja atuar no jornalismo. Trata-se, portanto, de um valioso livro para a fundamentação da ética profissional jornalística.

A proposta de Nivea Bona avança para além da crítica ao jornalismo atual. Ela nos faz refletir sobre as possibilidades que se abrem graças à internet e a outras tecnologias que modificam a maneira de as pessoas se relacionarem com seus semelhantes e com o mundo à sua volta, bem como os hábitos de consumo de informação.

Apesar de tocar em temas densos e espinhosos para os jornalistas, a autora conduz os assuntos com serenidade e com bons argumentos, treinando olhares e mentes para a produção do bom jornalismo.

Guilherme Carvalho

Apresentação

Aqui estamos nós, prontos para iniciar essa conversa. De antemão, é possível afirmar que ela será desconfortável. Sim, desconfortável, porque o jornalismo não existe para ser agradável ou "bonitinho", como algumas pessoas ainda acreditam. O jornalismo não serve para elogiar em público os fazeres de alguém ou de alguma organização; esse é o papel da publicidade. Não serve para unir diversos públicos nem para reforçar crenças, ao contrário, serve para "colocar o dedo na ferida" e instigá-los com dúvidas espinhosas em vez de confortáveis certezas.

Tendo essas dúvidas como premissa, nosso objetivo aqui é analisar o jornalismo inserido na sociedade, o papel da profissão e o lugar dela no mundo contemporâneo, abordando os desafios das novas demandas com que os profissionais da área se deparam.

No Capítulo 1, analisaremos o espectro de atuação do jornalismo, que vão muito além dos noticiários televisivos da noite ou dos jornais que figuram nas bancas de quase todas as cidades (e que já estão perdendo lugar). Abordaremos também a relação existente entre o jornalismo e o desenvolvimento da sociedade.

Conhecidos esses fatores, mostraremos, no Capítulo 2, como ocorre a produção do relato de um fato ou como um acontecimento vira notícia, analisando os parâmetros que definem o tipo de fato que deve ser pesquisado e publicado. Estudaremos, ainda, o conceito de *notícia*.

No Capítulo 3, discorreremos sobre a *objetividade jornalística*, verificando a interferência desse conceito no dia a dia do jornalista, e sobre o jornalismo como forma de conhecimento do mundo, como instituição social e midiática, como profissão e como ciência.

Discutiremos, no Capítulo 4, a autonomia e a liberdade do jornalista, refletindo sobre a subjetividade nessa área. Abordaremos também a reportagem – produção que traz certo *glamour* à atividade jornalística –, mencionando profissionais que se destacaram nesse campo.

No Capítulo 5, apresentaremos alguns dos desafios do jornalismo, estudando o chamado *Novo Jornalismo* e enfatizando as mudanças que este trouxe para a profissão. Explicaremos em que consiste o jornalismo que se autodenomina *alternativo* e, além disso, analisaremos como a ascensão digital interfere no meio jornalístico e possíveis áreas de atuação nesse mercado.

Por fim, no Capítulo 6, faremos algumas elucubrações sobre o perfil do profissional jornalista, além de reflexões sobre as responsabilidades e os riscos dessa profissão e sobre o consumo de informação nos dias atuais.

Antes de iniciarmos nossos estudos, no entanto, é importante entender que as certezas não existem. O mundo do jornalismo é aquele que, muitas vezes, embrulha o estômago porque é real demais, cruel demais, frio demais e cinza demais.

A paixão do jornalista por excelência é descobrir o mundo. Além de ser extremamente curioso e sempre querer saber o modo como as coisas são feitas, esse profissional precisa ter muita vontade de ir em frente e descobrir cada vez mais para, depois, produzir um texto (escrito ou falado) compreensível a diversos públicos e no qual todos os vieses do fato sejam contados com justiça. No decorrer desta obra, vamos refletir sobre a empolgante profissão de jornalista e seu papel na sociedade.

Como aproveitar ao máximo este livro

Este livro traz alguns recursos que visam enriquecer o seu aprendizado, facilitar a compreensão dos conteúdos e tornar a leitura mais dinâmica. São ferramentas projetadas de acordo com a natureza dos temas que vamos examinar. Veja a seguir como esses recursos se encontram distribuídos no decorrer desta obra.

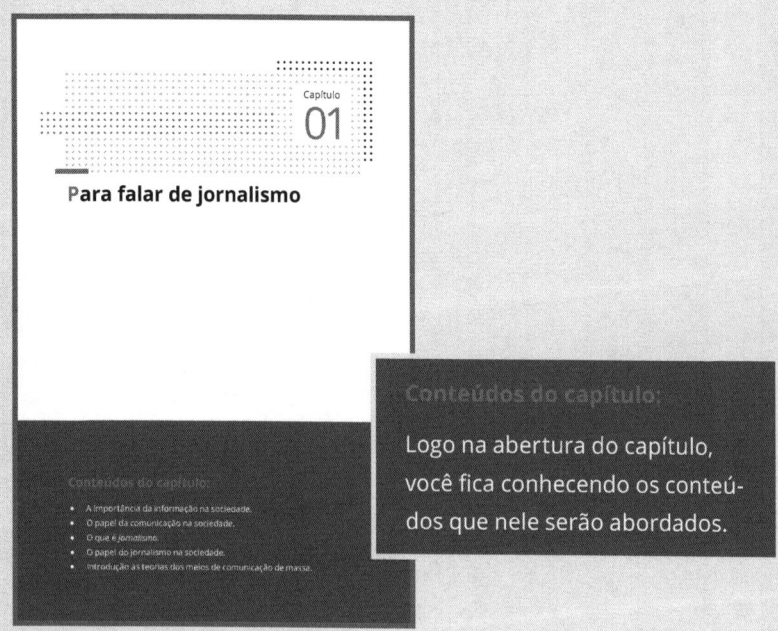

Conteúdos do capítulo: Logo na abertura do capítulo, você fica conhecendo os conteúdos que nele serão abordados.

Jornalismo na sociedade

Após o estudo deste capítulo, você será capaz de:

1. entender a importância da informação na sociedade de forma a relacionar esse conhecimento com a chamada *sociedade da informação*;
2. perceber o papel da comunicação e sua importância social;
3. evidenciar a definição conceitual e as características do jornalismo;
4. falar sobre o papel do jornalismo na sociedade;
5. compreender o jornalismo como provocador de reflexão;
6. discorrer sobre as teorias dos meios de comunicação de massa.

Após o estudo deste capítulo, você será capaz de:

Você também é informado a respeito das competências que desenvolverá e dos conhecimentos que adquirirá com o estudo do capítulo.

Neste capítulo, explicaremos que o jornalismo não se resume aos noticiários televisivos da noite ou aos jornais que figuram nas bancas. Há uma correlação muito próxima entre o jornalismo, o desenvolvimento da sociedade e o modo como a sociedade vê o que acontece nela.

**1.1
A importância da informação na sociedade**

Atualmente, com as redes sociais e a troca infinita, cotidiana e irrefreável de conhecimentos, a importância da informação na sociedade é óbvia. Vivemos na chamada *sociedade da informação*, em que a informação faz parte tão intrinsecamente da nossa vida

Diversas faces do jornalismo

- na narrativa, na escolha das informações que serão contadas, na construção do *lead* e em quem se dá voz para falar sobre o fato em si;
- no processo de seleção dos fatos que serão noticiados, o que variará de acordo com o contexto, não havendo um jeito certo ou errado de fazê-lo;
- na ordenação do tempo, quando se dispõem os fatos que nem sempre aconteceram em dada ordem cronológica, mas obedecem ao processo de produção jornalística, com *deadlines* e formas de organização próprias.

Perguntas & respostas

As produções jornalísticas não refletem a verdade porque se contaminam com subjetividades em diversas partes dos processos. Então, é falha essa crença de que é possível ser imparcial na totalidade? Todos os conteúdos veiculados no jornal, no rádio e na televisão dependem do contexto e da ideologia de quem os produz?

É mais ou menos assim. Primeiramente, o jornalista precisa se despir da certeza de que, seguindo um padrão, será objetivo o suficiente para trazer o exato relato da realidade. Por outro lado, é necessário buscar formas de amenizar essa subjetividade, senão tudo virará opinião.

Perguntas & respostas

Nesta seção, a autora responde a dúvidas frequentes relacionadas aos conteúdos do capítulo.

Analisaremos, a seguir, o procedimento de produção de uma notícia. No entanto, antes de oferecermos fórmulas prontas sobre o processo jornalístico, é importante ter em mente que nem todos os relatos são feitos da mesma forma. Há uma contaminação do "eu" nesse processo e, tendo consciência disso, o jornalista constrói suas histórias com mais competência. O profissional deve sempre questionar suas próprias posições e rever suas escolhas, porque essa atitude de criticidade leva a um melhor desempenho da atividade jornalística.

Para se aproximar dos processos jornalísticos, veja um exemplo fictício do caminho entre o fato e a notícia.

Estudo de caso

Dona Maricota é uma senhora aposentada que passa as tardes pendurada na janela. Ela não tem Facebook® e, por isso, prefere a maneira antiga (*old school*) de fiscalizar a vida e os fazeres dos outros. Em uma dessas tardes, ela viu um drone voando com um gato, que miava bem alto, preso nele.

Ao presenciar uma cena não usual, a pessoa geralmente liga para o jornal, o rádio ou a TV contando o que viu, e foi justamente o que Dona Maricota fez. Vale lembrarmos que, se um pedreiro, um dentista, um encanador, um professor e um taxista

Estudo de caso

Esta seção traz ao seu conhecimento situações que vão aproximar os conteúdos estudados de sua prática profissional.

Para refletir sobre jornalismo

Evidentemente, há outros veículos e áreas de destaque no jornalismo segmentado além dos que apresentamos. O mais importante é o jornalista saber que pode trabalhar com o assunto de que mais gosta, traduzindo-o para seu público.

Síntese

Neste capítulo, discorremos sobre o perfil do profissional jornalista, que deve ser objetivo, ter bom senso para divulgar as histórias e usar de empatia para colocar-se no lugar dos personagens, mesmo sabendo que seu papel é denunciar o que precisa ser corrigido na sociedade.

Abordamos também as responsabilidades e os riscos da profissão e mencionamos alguns cuidados que o jornalista precisa tomar. É necessário um equilíbrio entre dizer a verdade publicamente e buscar outras estratégias de denúncia que não coloquem a vida do profissional em perigo.

Falamos sobre o consumo da informação nos dias atuais e enfatizamos que há um movimento migratório das mídias de massa, como TV, rádio e jornal impresso, em direção à internet; entretanto, esse movimento depende muito do acesso à grande rede. Apontamos ainda alguns ajustes que boa parte dos veículos está fazendo para se manter no mercado.

Síntese

Você dispõe, ao final do capítulo, de uma síntese que traz os principais conceitos nele abordados.

Jornalismo na sociedade

Por fim, versamos sobre alguns dos principais segmentos do jornalismo, mas convém ressaltarmos que o espaço para a ação jornalística vai muito além dos veículos de informação. Com motivação, é possível ir muito longe.

Questões para revisão

1. Ações como falar a verdade, ser livre para reportar ou seguir os valores éticos podem ser muito perigosas para o jornalista. Então, como a sociedade pode confiar que as notícias produzidas realmente se aproximam da verdade do fato? E, mais do que isso, o que poderia ser feito para o público entender esses meandros da área? Em sua opinião, é necessário escancarar essa dicotomia? Por quê?

2. Atualmente, no Brasil, os jornalistas enfrentam diversos riscos no exercício da profissão. Em sua opinião, quais mecanismos poderiam aumentar a proteção deles?

3. Quais são as principais diferenças entre o jornalismo de massa e o segmentado?
   a) Quase não há diferenças, pois os dois fazem praticamente a mesma coisa.
   b) O jornalismo de massa relata de tudo para todos, e o segmentado relata uma parte para os interessados.

> **Questões para revisão**
>
> Com estas atividades, você tem a possibilidade de rever os principais conceitos analisados. Ao final do livro, a autora disponibiliza as respostas às questões, a fim de que você possa verificar como está sua aprendizagem.

Capítulo

01

Para falar de jornalismo

Conteúdos do capítulo:

- A importância da informação na sociedade.
- O papel da comunicação na sociedade.
- O que é *jornalismo*.
- O papel do jornalismo na sociedade.
- Introdução às teorias dos meios de comunicação de massa.

Após o estudo deste capítulo, você será capaz de:

1. entender a importância da informação na sociedade de forma a relacionar esse conhecimento com a chamada *sociedade da informação*;
2. perceber o papel da comunicação e sua importância social;
3. evidenciar a definição conceitual e as características do jornalismo;
4. falar sobre o papel do jornalismo na sociedade;
5. compreender o jornalismo como provocador de reflexão;
6. discorrer sobre as teorias dos meios de comunicação de massa.

Neste capítulo, explicaremos que o jornalismo não se resume aos noticiários televisivos da noite ou aos jornais que figuram nas bancas. Há uma correlação muito próxima entre o jornalismo, o desenvolvimento da sociedade e o modo como a sociedade vê o que acontece nela.

1.1
A importância da informação na sociedade

Atualmente, com as redes sociais e a troca infinita, cotidiana e irrefreável de conhecimentos, a importância da informação na sociedade é óbvia. Vivemos na chamada *sociedade da informação*, em que a informação faz parte tão intrinsecamente da nossa vida que nem sempre percebemos quanto dela dependemos todos os dias, a todo momento.

Pense nas seguintes questões: Como você fica sabendo dos acidentes de trânsito que aconteceram no caminho para o trabalho? E da cotação do dólar ou do salário mínimo? Mas por que você precisa saber disso tudo nos dias atuais? Primeiramente, convém ressaltarmos que saber é seu direito, apontado inclusive na Declaração Universal dos Direitos Humanos, em seu artigo XIX: "Todo ser humano tem direito à liberdade de opinião e expressão; este direito inclui a liberdade de, sem interferência, ter opiniões e de procurar, receber e transmitir informações e ideias por quaisquer meios e independentemente de fronteiras" (ONU, 2009).

Em segundo lugar, ter informação ou acesso adequado a ela significa ter poder. Em uma sociedade como a nossa, quem sabe mais ou detém mais informação é mais atuante como cidadão, tem poder de decisão mais estabelecido e apresenta mais possibilidades de sucesso em qualquer atividade. No entanto, embora todas as pessoas tenham o direito à informação estabelecido, nem todas têm acesso a ela; a essa falha estão associados alguns dos principais problemas sociais, desde pobreza e injustiças até a imensa desigualdade de oportunidades.

Podemos dizer que quem vai à escola desde criança tem mais oportunidades de acesso ao conhecimento. Um indivíduo que estuda e tem acesso a informações adequadas ao seu crescimento tem mais chances de desenvolver habilidades para resolver problemas cotidianos que um que não usufrui dessa condição.

A pesquisadora Maria Alice Borges (2000), no início do século XXI, apontou as principais mudanças no âmbito da informação, testemunhadas por nós nos dias atuais.

> A informação sempre foi o insumo básico do desenvolvimento. Quando o homem associou a fala e a imagem e criou a escrita, ele permitiu a transmissão e a armazenagem de informação. A imprensa de Gutenberg, no século XV, o telefone, o rádio, a televisão e agora as tecnologias da informação e da comunicação, que revolucionaram os séculos XIX e XX, aceleraram o acesso e o intercâmbio de informações. Estes diversos meios de comunicação, em vez de se excluírem, potencializam-se, mutuamente. Nas vésperas do século XXI, o mundo está se preparando para dar mais um salto, através das novas tecnologias e das novas redes. (Borges, 2000)

A seguir, apresentamos alguns exemplos para demonstrar que a informação é praticamente uma moeda, um dos produtos mais desejados por qualquer pessoa. Em outras palavras, informação é desenvolvimento.

No Brasil atual, sobretudo por falta de informação, ainda há pessoas que sofrem com doenças que já foram aniquiladas em outros países. Porém, se você sabe que certo mosquito transmite um vírus perigoso, evitará o contato com ele e, se conhece a lógica de sua procriação, eliminará os focos de reprodução.

Se você conhece seus direitos constitucionais como cidadão que paga impostos e vive em comunidade, provavelmente tem ciência do seu direito a saneamento básico. Isso quer dizer que os dejetos advindos das casas situadas no bairro onde mora devem ser tratados por uma central contratada especificamente para essa função.

Ao saber de tudo isso, você pode reclamar seus direitos. No entanto, ainda hoje, ocorrem epidemias causadas por mosquitos e, em muitas regiões, há casas que não dispõem de saneamento básico.

Outro exemplo bem mais simples e direto: se você soubesse os números que serão sorteados no próximo concurso da loteria, se diferenciaria daqueles que não têm essa informação e ganharia o prêmio. Afinal, em nossa sociedade, dinheiro, infelizmente, ainda significa poder.

Ainda, se você tem a informação de como fazer uma massagem cardíaca adequadamente, pode salvar a vida de alguém que está passando mal à sua volta.

De acordo com Dimenstein (2003),

A quantidade de informação gerada e armazenada a cada ano no mundo chegou a um volume tão grande que cientistas dizem que a Humanidade está sendo engolida por um oceano de dados. O primeiro grande estudo dedicado unicamente à tarefa de medir quanta informação há no mundo estima que em 2002 foram produzidos e estocados cinco hexabytes somente em meios físicos (papel, filme, meios óticos e magnéticos). Isso equivale ao conteúdo de 500 mil bibliotecas do Congresso Nacional dos Estados Unidos, cada uma delas com 19 milhões de livros e 56 milhões de manuscritos.

Nesse mesmo sentido, Borges (2000) discorre sobre a importância da informação para o exercício da cidadania:

- a informação é um produto, um bem comercial;
- o saber é um fator econômico;
- as tecnologias de informação e comunicação vêm revolucionar a noção de "valor agregado" à informação;
- a distância e o tempo entre a fonte de informação e o seu destinatário deixaram de ter qualquer importância;
- as pessoas não precisam se deslocar porque são os dados que viajam;

- a probabilidade de se encontrarem respostas inovadoras a situações críticas é muito superior à situação anterior;
- as tecnologias de informação e de comunicação converteram o mundo em uma "aldeia global" (MacLuhan);
- as novas tecnologias criaram novos mercados, serviços, empregos e empresas;
- as tecnologias de informação e comunicação interferiram no "ciclo informativo", tanto do ponto de vista dos processos, das atividades, da gestão, dos custos etc.

Assim, entendemos que a informação não precisa mais de encontro "pessoal" para viajar. Ela está nos *e-mails*, nos *websites*, nos sms, no WhatsApp, nas vozes do telefone e nos meios de comunicação de massa (MCM). Há uma infinidade de consultas que podem ser feitas em bases de dados, bibliotecas, museus e na própria internet, que é um mundo à parte. Atualmente, não há mais como ignorarmos essa avalanche de informações que recebemos mesmo sem pedir.

> Chegou o fim de semana. Terei para ler três imensos jornais de domingo e uma pilha de revistas de marketing, de management, de publicidade, de informática, de variedades e de educação, além de todo o clipping do setor educacional, acumulado durante a semana. Trouxe para casa cinco livros

novos que comprei esta semana, para se juntar às dezenas de outros livros que estão, há meses, na fila de espera para serem lidos. Passei na locadora e aluguei dois filmes imperdíveis, que todos já viram, menos eu. Além disso, pretendo colocar em dia os mais de 100 e-mails atrasados, que estão aguardando resposta. Tem ainda uma festa de aniversário da família para ir, os slides de duas palestras para preparar e um espetáculo teatral excelente que, é claro, já está nos últimos dias na cidade. (Braga, 2017)

Você consegue se enxergar nessa descrição? Nos dias atuais, quando a pessoa não sabe de algo, ela tem consciência disso, ou seja, sabe que não sabe. Isso pode resultar na chamada *ansiedade da informação* – o indivíduo acha que precisa dar conta de tudo o que está acontecendo no mundo, isto é, tem de dominar todos os assuntos, ler todas as publicações importantes, assistir a todos os filmes em cartaz etc. O Facebook é campeão em nos mostrar tudo o que não sabemos.

Se a informação é essencial para a população em geral, para o jornalista ela é matéria-prima de trabalho e, mais do que isso, representa poder. É vantajoso para o profissional ter acesso a determinada informação antes de seus concorrentes – jornalistas de outros veículos. Vale lembrarmos que a informação é um direito de todos e aqueles que trabalham com ela são responsáveis por democratizá-la com consciência.

Aqui, ficamos com o seguinte pensamento: o acesso à informação é essencial para que qualquer cidadão possa exercer seus direitos. Ela é o elemento fundamental para o ser humano usufruir de tudo o que existe no mundo e pode, ainda, ser o divisor de águas entre uma vida digna e uma sobrevida.

1.2
O papel da comunicação na sociedade

Segundo Pinker (2004, p. 5), o ser humano tem uma "capacidade notável" como espécie: "podemos moldar eventos nos cérebros uns dos outros com primorosa precisão". Em *O instinto da linguagem*, o autor explica como qualquer povo – desde os esquimós do Polo Norte até os nativos da África – pode desenvolver a linguagem de maneira instintiva, sem aprendê-la com outro ser humano. Pinker (2004) afirma que, se dois povos muito diferentes trabalharem em conjunto, eles criarão uma linguagem para se organizar, que certamente revelará um misto de ambos os povos e também construções novas.

A principal função da linguagem[1] é comunicar com precisão. Outras ferramentas de comunicação são os sinais, os gestos, as posições corporais e os símbolos. Enfim, como seres sociáveis que somos, estamos sempre nos comunicando, trocando mensagens, informações etc.

Se levarmos em consideração a etimologia (estudo das origens) da palavra *comunicação*, que vem de "tornar comum", teremos uma pista sobre o papel da comunicação em nossa sociedade. Por meio dela, tornamos comum uma informação que detemos, ou seja, partilhamos algo que sabemos. Portanto, *comunicar* significa democratizar o que se conhece ou se descobriu.

A comunicação também pode ser entendida como um veículo de poder e, se quem tem informação tem poder, partilhá-la pode significar a perda deste, visto que o comunicante acaba por dividi-lo com seus pares. Por essa razão, em muitas empresas, é tão difícil explicar aos chefes inseguros a importância de dividirem a informação com seus agregados. Para aprofundarmos essa questão, abriremos um parêntese para um relato pessoal:

---

1   Aqui, adotamos a acepção do termo *linguagem* como "língua", com base no estabelecido por Pinker (2004).

> Trabalhei por muito tempo fazendo consultoria de comunicação para várias empresas e, invariavelmente, deparei-me com esse tipo de chefe que citamos: o inseguro.
>
> Pois bem, o chefe sabia quando um produto seria lançado, quando os preços mudariam, quando haveria uma reforma ou um ajuste, entre outras informações, mas só as repassava à sua equipe de vendedores e ao administrativo no último minuto. Ele também detinha informações sobre mudanças que aconteceriam na empresa. Tais procedimentos acarretavam consequências desagradáveis:
>
> - os funcionários, em geral, ficavam desmotivados, porque entendiam que eram os últimos a saber o que a empresa onde trabalhavam estava planejando;
> - as fofocas tomavam conta dos corredores, pois, como as versões oficiais dos fatos não eram repassadas aos funcionários, outras acabavam surgindo.
>
> Por essa razão, o conselho de especialistas é: se você quer uma equipe motivada e feliz, partilhe a informação.

Funcionários que participam das decisões, dos movimentos e dos planos da empresa, que obtêm antes do público informações sobre os produtos que serão lançados e que são comunicados das dificuldades e vitórias da organização demonstram maior comprometimento com o projeto institucional. Enfim, uma comunicação bem realizada une pessoas e públicos; por isso, antes de se repassar uma informação, é importante pensar na melhor maneira de fazer isso.

> A viabilização de canais de comunicação e de ambientes favoráveis ao relacionamento humano nas empresas faz as pessoas se sentirem reconhecidas, consideradas e respeitadas. Ao sentir-se valorizado no trabalho, o indivíduo reforça a autoestima, o que, naturalmente, repercutirá em sua vida pessoal, melhorando a qualidade de vida. Esse estado de espírito individual se reflete no desenvolvimento profissional. Quando ele passa a ser coletivo, estão criadas as condições para que a empresa possa ser bem-sucedida na condução dos seus negócios. (Matos, 2015, p. 18)

Para um melhor entendimento de como a comunicação pode significar poder, daremos um exemplo de uma situação corriqueira, pela qual a maioria das pessoas já passou. Alguém provavelmente já lhe disse a seguinte frase: "Tenho uma coisa para lhe contar, mas preciso que você guarde segredo". Como você se sentiu ao ouvi-la? Podemos dizer que você passou a ter poder sobre essa pessoa, visto que ela lhe comunicou uma informação de que ninguém mais dispõe. E sabe por que você possivelmente contará esse segredo a outra pessoa, pedindo-lhe encarecidamente que não o espalhe? Porque, para exercer esse poder, você precisa mostrar pelo menos a um indivíduo que é mais importante que aqueles que não receberam tal informação. Isso é natural do ser humano. Afinal, nossa índole é a do relacionamento, o qual não existe sem comunicação.

Além de poder, a comunicação tem muito de interlocução e de relacionamento. Nós a usamos para desenvolver o sentimento de pertença, tanto para inserir-se na comunidade quanto para fazer com que os outros se sintam parte dela. Por isso, tornamos comum o que sabemos, na medida em que também queremos conhecer o que os outros sabem. Desse modo, a comunicação nos torna comuns, pertencentes ao mesmo grupo, tribo ou local. Quando partilhamos o que sabemos, estabelecemos laços ou *links*. Um exemplo interessante é o da escola nova. Na infância, quantos medos passamos quando tivemos de ir para uma nova escola, onde não conhecíamos ninguém? E que alívio sentimos quando alguém veio perguntar nosso nome, de onde viemos etc.? Isso é a comunicação ajudando na pertença, no entrosamento, no relacionamento.

Há quem diga que sem comunicação não há sociedade, ou seja, esta se forma apenas quando seus integrantes confabulam, lançam ideias e concordam com relação às ações conjuntas.

Para estarmos reunidos em coletividade, precisamos nos entender, dizer a que viemos e compreender o que é importante para o outro. Pense nestas questões: Hoje, que atividade em sociedade ocorre sem comunicação? É possível construir algo sem se comunicar? Em qualquer projeto que vise à produtividade, há o instante do *briefing*, das instruções e do planejamento. Na continuação desse projeto, haverá outras instruções e recomendações para ele andar do jeito que tem de ser. Ouviremos com frequência frases como "você começa por ali que vou por aqui" ou "termina aquele lado que vou montar essa parte aqui".

Nesse sentido, usamos a comunicação e, por consequência, a linguagem não apenas para repassar essas instruções práticas, mas também para aprender sobre a vida. Somos capazes de aprender com o outro. Os animais, em geral, aprendem por experiência própria; eles não repassam sua experiência a outro porque lhes falta a codificação linguística, que torna a comunicação mais precisa. Os seres humanos, no entanto, conseguem visualizar os problemas de uma guerra mesmo sem participarem dela. Somos capazes de aprender com o erro alheio e de conhecer a história inteira da humanidade porque há linguagem – sistema para comunicar ideias ou sentimentos por meio da escrita, de imagens, do som etc.

Perguntas & respostas

Se existem todas essas possibilidades de comunicação, por que ainda cometemos os mesmos erros? Por que não incluímos todas as pessoas nesse processo, permitindo-lhes vivenciar o sentimento de pertença? Por que não dividimos esse poder, que é do alcance de todos?

Porque temos a liberdade de não nos comunicar adequadamente, de não nos fazer entender ou de não entender o outro. A comunicação somente se efetiva quando há boa vontade de todas as partes em tornar comum o que sabem; quando se demonstra preocupação com o colega que não está incluído no processo; quando, mesmo detendo o poder da informação, alguém decide partilhá-lo etc. A comunicação favorece a participação de todos na sociedade, ou seja, a democratização; porém a democracia só ocorre, de fato, quando todos podem exercer o direito de se comunicar.

Conforme mencionamos, um dos direitos fundamentais do ser humano é o de se comunicar. Aqui nós abordamos uma questão bem atual e prática: Quem detém os principais veículos de comunicação brasileiros na atualidade? Poucas famílias. O Brasil sofre há décadas com a concentração midiática, a qual impede uma democracia plena, visto que poucos podem emitir informação e comunicar e muitos somente a recebem, não tendo, portanto, acesso aos meios de produção. No texto a seguir, a Rede Nacional de Adolescentes e Jovens Comunicadores (Renajoc) explica essa situação.

Direito Humano à Comunicação

O direito à comunicação é um dos pilares centrais de uma sociedade democrática. Assumir a comunicação como um direito humano significa reconhecer o direito de todas as pessoas de ter voz, de se expressar. Significa reconhecer a comunicação como um direito universal e indissociável de todos os outros direitos fundamentais.

O direito à comunicação é mais do que a liberdade de expressão e o direito à informação: é o direito de todas as pessoas de ter acesso aos meios de produção e veiculação de informação, de possuir condições técnicas e materiais para ouvir e ser ouvida, de ter o conhecimento necessário para estabelecer uma relação autônoma e independente frente aos meios de comunicação.

Se comunicação é um direito, é preciso que haja a permanente busca por garanti-lo. Portanto, enquanto há impeditivos (sejam eles sociais, políticos, econômicos ou técnicos) para a realização plena desse direito, é dever e papel do Estado a promoção da pluralidade, da diversidade e da luta constante pela superação dessas desigualdades.

Mas o que isso significa na prática?

Significa não aceitar como fato consumado a atual concentração da mídia, em que apenas nove famílias controlam jornais, revistas e emissoras de rádio e TV. Enquanto esses poucos usam concessões públicas para fins comerciais, 180 milhões de pessoas são privadas de sua liberdade de expressão.

Significa impedir, como prevê a Constituição, qualquer forma de concentração dos meios de comunicação, como a propriedade cruzada, em que uma mesma empresa é dona de diferentes veículos, como TV, Rádio e jornal na mesma localidade.

Significa lutar para que rádios comunitárias sejam estimuladas, e não combatidas. Não é aceitável que se trate como crime o exercício de um direito.

Significa trabalhar pela construção de um sistema público de comunicação, em que haja emissoras públicas fortes, geridas e financiadas com independência tanto em relação aos governos quanto ao setor privado.

Significa garantir que a única influência sobre a formulação e implementação das políticas públicas no campo da comunicação seja o interesse público.

> Significa promover com afinco a diversidade cultural, apoiando a produção e a veiculação de conteúdo regional, combatendo os preconceitos e distorções na forma que a mulher, o negro, o homossexual, e tantos outros e outras são retratados pela mídia.
>
> Significa defender o controle público da comunicação, (o que não se confunde com censura), para garantir que as concessões públicas sejam usadas em nome do interesse público. Assim, a realização de conferências e a criação de conselhos e de outros espaços públicos de participação popular, como já acontece na área da Saúde, significam o amadurecimento da democracia.

Fonte: Renajoc, 2017.

Dessa forma, democracia e comunicação andam de mãos dadas. Uma se efetiva somente quando a outra é plena e vice-versa. É importante que o jornalista perceba como sua atuação pode alterar o cenário atual. Muitas atividades desenvolvidas nessa área podem fortalecer o direito à comunicação.

1.3
O papel do jornalismo na sociedade

Você estava ouvindo rádio e soube que aconteceu um acidente na rua pela qual passa quando vai ao trabalho. Em um noticiário televisivo, você assistiu a uma matéria sobre o alagamento na cidade onde seus primos moram. Pelo jornal impresso, você descobriu que o governo mudou o sistema de recolhimento do imposto de renda e que, a partir de agora, tudo será feito pela internet. Ao acessar portais de notícias, você ficou sabendo que mais de 500 mil pessoas saíram às ruas de Brasília para pedir uma mudança de governo.

Um novo filme foi lançado. Um desfile de uma marca nova de roupa reciclada foi realizado na França. Um novo carro elétrico foi criado. A cura para o câncer pode estar a caminho. Todos esses fatos chegarão até você por intermédio de notícias veiculadas em diferentes meios de comunicação, tanto de massa quanto segmentados, como a revista ou a internet[2]. Podemos dizer que o jornalismo é uma atividade relativamente nova na sociedade. Embora os romanos já tivessem um comunicado diário, foi depois da criação da prensa de Gutenberg que o jornalismo deslanchou.

---

2   Alguns autores afirmam que a revista e a internet são meios de comunicação de massa, mas outros, como eu, consideram-nos meios de comunicação segmentados. Nesta obra, levamos em consideração que a revista e a internet têm alcance de massa, embora a mensagem seja produzida para nichos específicos. Por essa razão, vamos tratar os dois veículos como mídias segmentadas.

As notícias, finalmente, não precisavam mais ser contadas de ouvido a ouvido. Graças à impressão, as cópias desses relatos começaram a ser distribuídas a um maior número de pessoas.

Apesar do surgimento de diferentes veículos de comunicação, o intuito do jornalismo continua o mesmo: reportar os fatos, informar, comunicar ao maior número de pessoas o que está acontecendo na sociedade da qual fazemos parte: eu, você e o próprio jornalismo. Contudo, além de informar, o jornalismo tem outras missões, como provocar a reflexão.

Nem sempre buscar os fatos e checá-los são tarefas agradáveis para quem detém o poder e não quer dividi-lo, tanto que é comum os jornalistas serem comparados, por pessoas poderosas, a cães famintos ou a urubus, porque mostram a realidade crua. Quem tira proveito do funcionamento da sociedade nem sempre deseja que as informações sejam divulgadas. Nesse caso, se, por um lado, o jornalismo incomoda, por outro, traz à tona assuntos que precisam ser discutidos em conjunto. Daí a responsabilidade ética da atividade jornalística.

A expressão *cães famintos* dá a entender que os jornalistas fuçam a carniça da sociedade e a expõem ao mundo – alguém sempre vai precisar fazer isso. Porém, em oposição a essa conotação negativa, tais profissionais são comparados a cães de guarda, sendo considerados guardiões daquilo que é correto em uma sociedade democrática. Não é à toa que, quando do estabelecimento de governos ditatoriais, a primeira ação é a censura dos meios de comunicação, porque quem está fazendo algo contra o povo não quer que a informação se espalhe.

Para Gramsci (2006), o jornal é a **escola dos adultos**, isto é, aqueles que não vão mais à escola porque já terminaram seus estudos se atualizam ou adquirem novos conhecimentos por meio dos jornais. Assim, em nossa sociedade, o jornalismo serve para a disseminação não apenas da informação, do fato, mas também do conhecimento que advém da ciência, das artes, da história, do dia a dia, do mundo. Por meio do jornalismo, o público tem condições de acompanhar o desenvolvimento de inovações, curas, medicamentos, tecnologias, soluções de problemas etc. Além disso, é possível entender por que uma epidemia ocorre, por que determinado país está em guerra ou, ainda, o que acontece em relação às decisões de líderes dos mais diversos países.

O bom jornalismo funciona como um professor que traduz as informações, por mais complicadas que sejam, para que todos consigam entendê-las. No entanto, antes dessa tradução, é necessária uma apuração cuidadosa, porque jornalismo que se preza lida com a verdade.

Para refletirmos sobre o papel dessa atividade na sociedade, precisamos entender que, assim como há diversos tipos de jornalismo, existem pessoas, políticos, empresas e profissionais distintos. Para a finalidade do nosso estudo, chamamos de *jornalismo* apenas o que idealmente deve ser a atividade jornalística; porém, como há tantos desvios por aí que se autodenominam *jornalismo*, precisamos fazer algumas ressalvas e, por isso, empregamos termos como *bom jornalismo* ou *jornalista que se preze*. Entenda que, neste livro, estabelecemos o papel do **jornalismo idealmente construído**, ou seja, aquele que absorve a função de ser a escola dos adultos e o tradutor das novidades mais complicadas, relacionadas, por exemplo, a descobertas da ciência, a combinações genéticas que podem solucionar problemas de saúde, à economia ou a cálculos que, nem sempre, são acessíveis à população em geral.

Cabe também ao jornalismo o papel de denúncia. Por ter acesso a informações e estar preparado para lidar com elas, o profissional dessa área tem condições de avisar a população quando algo não vai bem e acaba prestando um **serviço público** em diversas ocasiões: quando explica os motivos do aumento do preço do ônibus e mostra como esse valor é calculado; quando realiza uma pesquisa de preço de alimentos e elucida os motivos que levaram determinado produto a sair do mercado ou a dobrar de valor; quando aponta o comportamento inadequado de indivíduos públicos, como os políticos etc. Nessas e em muitas outras situações, o jornalismo presta um serviço à população, atuando como fiscal da sociedade ou como cão de guarda.

O jornalismo pode favorecer a comunicação social quando dá voz aos diversos públicos envolvidos em determinado fato. Imagine uma rua de seu bairro que esteja precisando de reparos. O jornalista pode produzir uma matéria sobre essa necessidade, ouvindo desde os moradores da região até o departamento da prefeitura responsável pelo ajuste. Essa promoção do diálogo é essencial, especialmente quando acontece diante da sociedade, para que todos possam participar e desenvolver o sentimento de pertença sobre o qual já falamos.

Pense com franqueza: Se não houvesse um grupo de profissionais voltados à busca e à divulgação de notícias, como ficaríamos sabendo do que acontece no mundo? Mais do que isso: Como a sociedade poderia olhar para si e ter subsídios suficientes para se desenvolver? As pessoas poderiam contar umas às outras os fatos e, assim, espalhar a notícia, certo? Mas qual é a diferença entre um relato despreocupado sobre um acidente e uma notícia publicada no jornal? Bem, a notícia faz parte do processo de construção desse relato. O caminho a ser percorrido inclui desde a busca por informações adequadas e importantes para a comunidade até a checagem de sua veracidade. Traquina (2008, p. 51) reflete sobre os mitos que envolvem a prática jornalística e os próprios jornalistas:

> A mitologia jornalística coloca os membros dessa comunidade profissional no papel de servidores do público que procuram saber o que aconteceu, no papel de "cães de guarda" que protegem os cidadãos contra os abusos de poder, no papel de "Quarto Poder" que vigia os outros poderes, atuando doa a quem doer, no papel mesmo de herói do sistema democrático

(Ungaro, 1992), tão bem projetado, e por diversas formas, no imaginário coletivo no espaço público democrático, e sobretudo em diversos filmes em que a magia do cinema oferece uma constelação de símbolos e representações da mitologia jornalística.

A sociedade em que vivemos está construída sobre um sistema presidencial. Os poderes que a regem são o Legislativo, que determina as regras; o Executivo, que administra as questões coletivas de acordo com essas regras; e o Judiciário, que delibera sobre eventuais contradições nos encaminhamentos. A princípio, essa organização seria suficiente, mas, com o advento do jornalismo e dos MCM, a mídia acabou se estabelecendo como o quarto poder.

Perguntas & respostas

Qual é o motivo da denominação *quarto poder*?

Em uma sociedade complexa como a nossa, na qual os três poderes estão longe do alcance diário dos cidadãos, a mídia, o jornalismo e, consequentemente, os jornalistas se tornam representantes e fiscalizadores desses organismos. Suas histórias legitimam os fatos, isto é, determinam que eles realmente aconteceram e lhes dão destaque. Dessa forma, por exemplo, um desvio de dinheiro cometido pelo Poder Executivo e noticiado com provas irrefutáveis demandará um posicionamento do Judiciário ou do Ministério Público. A sociedade ficará sabendo do ocorrido e exigirá respostas, sob a pena de não votar nesses representantes em novas eleições.

Esse é um exemplo simples de como a mídia pode se configurar como o quarto poder, mas há mais a se refletir sobre essa denominação. Ela advém, muitas vezes, da habilidade dos meios de comunicação de determinarem o foco dos assuntos a serem tratados na sociedade. Além disso, dependendo de como o relato é construído, "mocinhos" e "bandidos" podem facilmente ser formados no imaginário do público; isso dá ao jornalismo um poder incalculável sobre os outros poderes e sobre os integrantes dessa sociedade e, principalmente, uma responsabilidade imensa em relação ao processo de construção desses relatos.

1.4
Introdução às teorias dos meios de comunicação de massa

Até o momento, pincelamos algumas posições que a comunicação e o jornalismo ocupam em nossa sociedade. Você sabia que, há muito tempo, quando os MCM estavam começando a se transformar no centro das comunidades, algumas pessoas se esforçaram para desenhar esse processo e, assim, facilitar seu entendimento? E eles mudaram muito.

Há quem diga que Goebbles, o homem da comunicação de Hitler, foi um gênio no uso da propaganda. Diante de discursos bem-escritos e argumentos bem-tratados em uma sociedade sedenta por um líder que a salvasse, o desastre aconteceu. O nazista nunca esteve sozinho, pelo contrário, ele recebeu apoio de boa parte da população. Contudo, nem todo mundo sabia exatamente dos planos dele. Convém destacarmos que a comunicação também acontece pelo não dito ou pela maneira como se diz. Se eu lhe digo somente o que você quer ouvir, certamente vai concordar comigo sem pestanejar, sem saber que posso estar escondendo partes da história com que talvez não concorde. Isso demonstra a importância dos processos de comunicação em nossa sociedade e o perigo decorrente do alcance dos MCM.

Como o nome já diz, os conteúdos emitidos por esses meios de comunicação alcançam um largo número de pessoas, uma verdadeira massa. Essas mensagens podem contribuir para a formação de opiniões e, até mesmo, exercer influência sobre elas, convencendo milhares de pessoas de que há somente algumas saídas para os problemas cotidianos.

Pensando nessas estratégias – e talvez para evitar que as massas fossem convencidas de outros desastres, como a Segunda Guerra Mundial –, pesquisadores americanos resolveram dissecar o processo de comunicação e tentar entender seu funcionamento, ou seja, como ocorria a relação entre os MCM e o público. Foi aí que começaram, efetivamente, os estudos de comunicação e as teorias que tentavam explicar esse processo.

Em meados das décadas de 1930 e 1940, Harold Lasswell desenhou a **teoria hipodérmica**. Para ele, os indivíduos não questionam as mensagens transmitidas pelos MCM e não trocam informações com outros públicos. O teórico analisou as propagandas americanas de guerra, nem sempre vendo a comunicação como um todo, e obteve uma resposta interessante: as pessoas são motivadas a responder a esses anúncios, isto é, estimuladas a apoiar o conflito, sem questionamentos. Assim surgiu a percepção de que os MCM podem manipular o público.

Na visão de Lasswell, o emissor (MCM) é ativo, e o receptor (público em geral), passivo. Essa teoria se desenvolveu em uma sociedade que começava a se industrializar, em que a produção de bens de consumo estava em pleno desenvolvimento, as pessoas eram mais individualizadas e o tempo para a convivência familiar era mais restrito. Por essa razão, Lasswell entendia o processo comunicacional como uma relação MCM-público somente.

Aos poucos, o pesquisador deu sinais de que essa teoria poderia ser superada e, posteriormente, apontou as principais variáveis desse processo: quem diz o quê, por meio de qual canal, com qual efeito.

Figura 1.1 – Teoria hipodérmica

Quem...	diz o que...	em que canal...	a quem...
Comunicador →	Mensagem →	Canais →	Audiência

Com que efeito?

Outra opção para se entender a comunicação era a **teoria matemática da comunicação**, proposta pelos engenheiros e matemáticos Claude Shannon e Warren Weaver no final dos anos 1940. Eles seguiram (sem querer) o modelo da teoria hipodérmica, investigando o processo teleinformático de envio de mensagens e chegaram a uma proposição. Para esses estudiosos, a comunicação funciona mais ou menos assim: o emissor envia ao receptor uma mensagem por meio de um canal, usando determinado código. No meio desse envio, pode haver um ruído que distorça essa mensagem ou sua (de)codificação.

Figura 1.2 – Teoria matemática da comunicação

[Figura: ilustração mostrando receptor à esquerda e emissor à direita, com um barco a vela entre eles identificando "veículo", "código", "mensagem" e "ruído". Crédito: Evandro Marenda]

O modelo é bastante claro e matemático, porque está inserido em um contexto de medição de envio de *bits*. Pode ser aplicado à engenharia ou a processos de envio de dados, mas não à comunicação interpessoal ou social, que é mais complexa. Para Cahen (1990, p. 38), esses modelos que entendem a comunicação como uma via de duas mãos estão ultrapassados:

> Esqueça a Via de Duas Mãos. Pense mesmo em uma Teia de Aranha, daquelas bem grandes, com milhares de fios, e várias aranhas, das grandes e cabeludas, espalhadas por ela. Perceba

que existem uns quinze ou vinte fios básicos e centenas de subfios. Puxe qualquer um e veja o resultado. Pelo menos uns trinta vão se mexer, mandando "ondas de choque" para quase todo o resto da teia. [...] Uma vez ouvi alguém dizer que, queira ou não, um habitante da cidade grande recebe cerca de duas mil mensagens publicitárias por dia – só para falar desse tipo de mensagem. Se forem contadas todas as outras mensagens diariamente recebidas – de outras mil fontes –, reconheceremos o imenso universo comunicativo dentro do qual vivemos.

O autor refere-se à comunicação empresarial especificamente, mas essa imagem da teia com várias aranhas também está presente em nossa sociedade. Há emissores que são também receptores em todos os nós da teia, e eles estão interconectados com vários outros emissores/receptores. Além disso, existem meios de comunicação inseridos nessa teia, os quais emitem mensagens o tempo todo e, em tempos de internet, recebem o retorno do público por meio das redes sociais. Definitivamente, mesmo sendo a origem dos estudos em comunicação, a teoria hipodérmica ou a matemática não podem ser aplicadas sem uma boa discussão nos dias atuais.

Também lançada nos anos 1940, a **teoria da persuasão**, ou teoria empírico-experimental, teve como pensadores principais Laswell, Carl Hovland e Paul Lazarfeld. Essa teoria defende que os indivíduos não recebem as mensagens de maneira desarmada, sem avaliação, mas entende que, a todo momento, os meios de comunicação tentam convencer o público de que estão falando a verdade ou de que é imprescindível você comprar determinado produto. A teoria da persuasão leva em conta os aspectos psicológicos da relação emissor-receptor e estuda os efeitos da recepção de mensagens por meio de processos de convencimento.

A **teoria empírica de campo**, ou teoria dos efeitos limitados, também proposta por Lazarsfeld, visualiza os MCM como um aparelho institucional que exerce influência sobre a sociedade. Assim como a Igreja, a escola, os partidos políticos ou as associações, a mídia é capaz de influenciar as escolhas do público.

> No livro The People's Choice, publicado por Lazarsfeld e os colegas Bernard Berelson e Hazel Gaudet em 1944, propõe-se o modelo do two-step flow of communication (fluxo de comunicação em dois níveis), que insere no processo comunicativo a figura dos líderes de opinião, pessoas que influenciam o comportamento dos demais componentes do público. Com isso, a tese de que as mensagens afetavam cada receptor isoladamente, pregada pela teoria hipodérmica, estava definitivamente superada. (Dalla Costa; Machado; Siqueira, 2006, p. 18-19)

Já a **teoria funcionalista** analisa o papel da mídia na sociedade. Porém, o foco desse estudo não é o efeito que os MCM exercem sobre a comunidade, mas os valores e as propostas que lhe apresentam.

> na evolução geral do estudo das comunicações de massa – que acentuou progressivamente as relações entre fenômenos comunicativos e contexto social, a teoria funcionalista ocupa uma posição muito precisa que consiste na definição da problemática dos mass media a partir do ponto de vista da sociedade e do seu equilíbrio, da perspectiva do funcionamento do sistema social no seu conjunto e do contributo que as suas componentes (mass media incluídos) dão a esse funcionamento. Já não é a dinâmica interna dos processos comunicativos [...] que define o campo de interesse de uma teoria dos mass media, é a dinâmica do sistema social e o papel que nela desempenham as comunicações de massa. (Wolf, 1999, p. 62)

Os efeitos da teoria funcionalista reverberam até hoje, o que mostra que uma corrente de pensamento não precisa se findar para outra ser lançada. Entre os principais pensadores dessa teoria estão Lasswell, Wilbur Schramm, Jay Blumler, Elihu Katz, Max Webber e Melvin De Fleur (Wolf, 1999).

Com relação às teorias mais antigas[3], merece destaque a **teoria crítica**. Importantes autores da Escola de Frankfurt, como Theodor Adorno, Jürgen Habermas, Max Horkheimer, Herbert Marcuse e Walter Benjamim, contribuíram para seu fomento. Essa teoria entende a mídia como um aparelho que pode ser utilizado para a exploração capitalista. Por essa razão, surgiu a expressão *indústria cultural*, adotada para designar o uso da arte e da reprodutibilidade com vistas ao consumo das massas e, consequentemente, ao lucro. Assim, músicas, pinturas, textos, histórias etc. servem ao propósito da venda e do consumo, estimulando determinada ideologia. Por exemplo, nos filmes de guerra americanos, os russos e os asiáticos quase sempre são os bandidos (Dalla Costa; Machado; Siqueira, 2006).

Formulada nos anos 1970 por Donald Shaw e Maxwell McCombs, a **teoria do agendamento**, ou *agenda setting*, aponta que os MCM são capazes de "agendar" os assuntos a serem discutidos pela sociedade. Há um pouco da teoria da persuasão e da teoria funcionalista aqui. Ao folhear diferentes jornais, é possível notar que os temas tratados por eles são similares, mudando, muitas vezes, apenas a abordagem; o mesmo acontece com os portais da *web*. Esses assuntos vão para a "boca

---

3   A teoria crítica foi desenvolvida no Instituto de Pesquisa Social (em alemão, Institut für Sozialforschung), fundado em Frankfurt em 1923 e fechado pelos nazistas em 1933 (Dalla Costa; Machado; Siqueira, 2006).

do povo", o que realimenta a mídia, que percebe o interesse do público. Passa-se, então, a falar de assuntos específicos, e outros acontecimentos acabam ficando apagados (Shaw e McCombs, citados por Wolf, 1999).

> Em consequência da acção dos jornais, da televisão e dos outros meios de informação, o público sabe ou ignora, presta atenção ou descura, realça ou negligencia elementos específicos dos cenários públicos. As pessoas têm tendência para incluir ou excluir dos seus próprios conhecimentos aquilo que os mass media incluem ou excluem do seu próprio conteúdo. Além disso, o público tende a atribuir àquilo que esse conteúdo inclui uma importância que reflecte de perto a ênfase atribuída pelos mass media aos acontecimentos, aos problemas, às pessoas. (Shaw, citado por Wolf, 1999, p. 62)

A **teoria do *gatekeeper*** mostra que a mídia tem filtro para determinados assuntos – em uma tradução simples, *gatekeeper* significa "porteiro" ou "guardião do portão". Adiante, discorreremos sobre valor-notícia e critérios de noticiabilidade, mas, em geral, quem trabalha com notícias tem o poder de decidir o que será ou não divulgado. Vale lembrarmos que, no jornal impresso, há limite de espaço e, no rádio e na TV, de tempo. Logo, é impossível noticiar todos os assuntos que a sociedade acha que merecem ser reportados. No que diz respeito ao *gatekeeper* – muitas vezes ideológico –, são as publicações, por meio de seus editores, que decidem, por exemplo, se é interessante ou não falar do cadáver encontrado no meio da praça e se o aumento do Judiciário deve ser noticiado na abertura do jornal ou, sem tanta relevância, depois de uma nota sobre esportes (Wolf, 1999).

O termo *gatekeeper* foi cunhado originalmente por Kurt Lewin, da área de psicologia, no final dos anos 1940 e, depois, usado por David M. White, em 1950, em seu estudo sobre a seleção de fatos que viravam notícia nos jornais.

> A pesquisa de White revela que "das 1333 explicações para a recusa de uma notícia, cerca de 800 atribuíam-na à falta de espaço e cerca de 300 referiam ou uma sobreposição com histórias já seleccionadas, ou falta de interesse jornalístico, ou falta de qualidade da escrita. Outros 76 casos diziam respeito a acontecimentos em áreas demasiado afastadas do jornal e, por isso, presumivelmente desprovidas de interesse para o leitor [...]". (Wolf, 1999, p. 79)

Por fim, a **teoria do *newsmaking*** aponta que a forma como os jornalistas trabalham determina como as notícias serão reportadas. Em todas as profissões, há um padrão e um costume, ou seja, um jeito de fazer as coisas, e no jornalismo não é diferente. Como, muitas vezes, é preciso entregar notícias frescas, o componente **tempo** é decisivo. Logo, quando há pouco tempo para a realização da tarefa, a pesquisa ou até mesmo o relato acabam ficando mais superficiais do que se fossem executados em um prazo mais longo. Essa pressa faz parte do *newsmaking*.

De acordo com Garbarino (1982, citado por Wolf, 1999), inúmeras variáveis estabelecem essa rotina de produção de notícias, desde a facilidade de chegar ao local do ocorrido até o risco de sofrer algum processo legal em consequência de sua divulgação. O *newsmaking*, pensado originalmente nos anos 1970, aponta que as rotinas vividas na redação determinam o que será noticiado:

> A noticiabilidade é constituída pelo conjunto de requisitos que se exigem dos acontecimentos – do ponto de vista da estrutura do trabalho nos órgãos de informação e do ponto de vista do profissionalismo dos jornalistas – para adquirirem a existência pública de notícias. Tudo o que não corresponde a esses requisitos é "excluído", por não ser adequado às rotinas produtivas e aos cânones da cultura profissional. Não adquirindo o estatuto de notícia, permanece simplesmente um acontecimento que se perde entre a "matéria-prima" que o órgão de informação não consegue transformar e que, por conseguinte, não irá fazer parte dos conhecimentos do mundo adquiridos pelo público através das comunicações de massa. (Wolf, 1999, p. 83)

Agora você já tem uma noção de como a comunicação e o jornalismo estão sendo estudados e teorizados na contemporaneidade.

No entanto, vale lembrarmos que as teorias estão sempre em processo de (re)construção e de questionamento. É assim que a ciência funciona, autotestando-se constantemente. Com o advento da internet, boa parte dessas teorias não serve mais para explicar nosso contexto; entretanto, novas investigações estão surgindo, e é necessário ficar atento a essa dinamicidade.

1.5 Definição conceitual e características do jornalismo

É difícil definir a atividade do jornalista sem cair no senso comum: a imagem daquele profissional em frente à câmera. Rossi (1980, p. 7) afirma que o

> Jornalismo, independentemente de qualquer definição acadêmica, é uma fascinante batalha pela conquista das mentes e corações de seus alvos: leitores, telespectadores ou ouvintes. Uma batalha geralmente sutil e que usa uma arma de aparência extremamente inofensiva: a palavra, acrescida, no caso da televisão, de imagens. Mas uma batalha nem por isso menos importante do ponto de vista político e social. [...] Entrar no universo do jornalismo significa ver essa batalha por dentro, desvendar o mito da objetividade, saber quais são as fontes, discutir a liberdade de imprensa no Brasil.

Em diversas publicações de jornalistas de renome, é possível perceber essa paixão pela profissão. O jornalismo é empolgante para todas as pessoas que almejam saber como os fatos se constroem e entender o enredo da vida cotidiana. A matéria-prima do jornalismo é a realidade e, para quem deseja conhecê-la cada vez melhor, essa atividade é um prato cheio.

Conforme Pena (2005), o jornalismo é parte do esforço humano para acabar com o medo do desconhecido e controlar os acontecimentos à sua volta, nem que seja pelo menos tomando conhecimento deles.

> O que leva algumas dezenas de navegantes a abandonar suas famílias e se meter durante meses em um barquinho de madeira vagabunda com alguns metros de comprimento em um oceano revolto? A resposta me parece clara: o medo de não conhecer o que está além-mar é muito maior do que o medo do próprio mar.
>
> É o mesmo motivo que ainda nos faz mandar foguetes a Marte, Saturno e outros planetas. Tentamos ter o dom da ubiquidade através da alteridade, pois a ilusão da onipresença é construída pelas informações produzidas pelo outro. Já que não podemos estar em vários lugares ao mesmo tempo, queremos pelo menos acreditar que sabemos o que acontece nos mais longínquos rincões do universo e, para isso, mandamos

correspondentes, relatores ou alguma tecnologia que possa substituir o relato do homem. [...]

[...] E, assim, ele acredita que pode administrar sua vida de forma mais estável e coerente, sentindo-se um pouco mais seguro para enfrentar o cotidiano aterrorizante de seu meio ambiente. Mas, para isso, é preciso transpor limites, superar barreiras, ousar. Entretanto, não basta produzir cientistas e filósofos, ou incentivar navegadores astronautas e outros viajantes. Também é preciso que eles façam os tais relatos e reportem informações a outros membros da comunidade que buscam a segurança e a estabilidade do "conhecimento". A isso, sob certas circunstâncias éticas e estéticas, posso denominar jornalismo. (Pena, 2005, p. 22-23)

O jornalismo está envolto em muitas complexidades, por isso não pode ser definido como se fosse matemática: é isso e pronto.

O jornal veio antes do jornalismo. [...] o jornalismo é algo mais complexo do que parece à primeira vista. E mais complexo, não primeiro por transcender seu primeiro suporte – o papel – como também por pressupor variáveis como a linguagem, relações sociais, dispositivos diferenciados, estratégias narrativas distintas, e múltiplas identidades daí derivadas. (Carvalho, 2014, p. 121)

Em resumo, a prática jornalística demanda pesquisa ativa; descoberta e checagem de informações referentes a fatos e acontecimentos; e, sobretudo, o relato destas a vários públicos, de maneira acessível, objetiva e direta. A seguir, discorremos sobre algumas características marcantes dessa atividade.

- **Responsabilidade**: Em tempos de internet, o relato do jornalista chega a milhares ou, até mesmo, a milhões de pessoas, dependendo do veículo em que trabalha. Assim, é importantíssimo ter em mente que relatos malfeitos ou informações não checadas podem resultar em verdadeiros desastres. Cabe também a esse profissional a decisão de publicar ou não determinada informação; relatar um caso que ainda não foi investigado pela polícia, por exemplo, pode resultar em falsas soluções ou julgamentos precipitados.
- **Liberdade**: Conforme mencionamos, para muitas pessoas, o exercício do jornalismo fiscaliza os comportamentos sociais. Em uma sociedade democrática, a imprensa deve ser livre para cobrir e debater qualquer assunto; afinal, uma democracia só é plena quando há jornalistas livres exercendo a atividade. Mesmo assim, independentemente do governo vigente, os profissionais da área sempre sofrem perseguições. A organização Repórteres sem Fronteiras tem como propósito monitorar a liberdade do exercício do jornalismo em diversos territórios, inclusive naqueles em que ocorrem

guerras civis ou outros conflitos. Vários jornalistas são presos ou mortos em países que se dizem democráticos; porém, há outra espécie de "prisão" mais efetiva que a real para esses profissionais: o poder econômico. Muitos jornalistas são censurados e outros, com medo de perder o emprego, autocensuram-se na produção das reportagens, já que, em geral, donos de veículos têm interesses e negócios próprios. Outra ameaça a eles é o poder social. Os exemplos são numerosos, mas optamos por mencionar uma situação de poder que aconteceu no estado do Paraná. Repórteres do jornal impresso *Gazeta do Povo* realizaram uma reportagem sobre os ganhos do Judiciário e foram processados por inúmeros juízes. Os processos aconteceram em diversas instâncias, cidades e fóruns, quase como uma ação orquestrada, para que os jornalistas não conseguissem comparecer às sessões e, assim, não pudessem se defender (Carazzai, 2016).

- **Verdade**: Um dos principais objetivos do jornalismo é ficar o mais próximo da verdade, ou seja, o profissional deve buscar a verdade do fato apurando as diferentes verdades das fontes consultadas, uma vez que os fatos reportados devem ser verdadeiros. Você pode estar pensando: Quem seria louco de mentir em um jornal com milhares de leitores? Pois é, assim como há quem confira as informações, há quem as distorça ou suponha que algo aconteceu para o texto ficar mais adequado. Por isso, é importante desconfiar sempre. Por exemplo, desconfiar da vizinha que só contou parte da história, da vítima que perdeu a memória e do policial que disse que fez tudo o que podia para salvar o bandido que se acidentou. No exercício da profissão, é fundamental buscar informações corretas e comprovadas e relatar somente aquilo que foi checado. Segundo o Código de Ética dos Jornalistas Brasileiros (Fenaj, 2007, grifo nosso):

> Art. 2º Como o acesso à informação de relevante interesse público é um direito fundamental, os jornalistas não podem admitir que ele seja impedido por nenhum tipo de interesse, razão por que:
>
> I – a divulgação da informação precisa e correta é dever dos meios de comunicação e deve ser cumprida independentemente de sua natureza jurídica – se pública, estatal ou privada – e da linha política de seus proprietários e/ou diretores.
>
> II – a produção e a divulgação da informação devem se pautar pela **veracidade dos fatos** e ter por finalidade o interesse público;

- **Objetividade**: O relato não precisa de rodeios nem de floreios. Além disso, a informação deve ficar em evidência, e não o jornalista. Embora haja gêneros opinativos, em geral, o relato jornalístico preza por mostrar o fato o mais próximo de sua essência, ou seja, como realmente aconteceu.

Há, portanto, um esforço em afastar as crenças do autor do texto que está produzindo, a fim de torná-lo o mais objetivo possível. Para isso, é preciso ouvir todos os envolvidos na situação. Ou seja, se uma história tem três participantes, a visão dos três deve constar do relato, de maneira adequada e equilibrada.

Nessa busca pela objetividade, o profissional não deve emitir juízo de valor e deve evitar o uso de adjetivos. É melhor ir direto aos dados concretos, como o número de andares do edifício que desabou, a quantidade de carros envolvidos no acidente e o estado das vítimas e a descrição dos dejetos que foram lançados no rio.

Com relação à linguagem, usa-se a terceira pessoa no relato. Nada de *eu* ou *nós*, apesar de essa não ser uma regra rígida para reportagens mais elaboradas, como as testemunhais, em que o repórter está inserido no fato e o mostra ao público. Por fim, no texto impresso, devem-se usar aspas para apresentar as percepções dos atores do fato, de forma a apagar as pistas do autor da reportagem. Por exemplo: para mostrar que uma festa está animada, o repórter pergunta a um dos convidados o que ele está achando do evento. Sua resposta pode ser apresentada no seguinte formato: "Adorei a maneira como as luzes estão posicionadas e as pessoas dançando ao lado das mesas", disse João.

O jornalismo cuidadoso e levado a sério inspira a confiança das pessoas, já que tem por objetivo a construção de relatos imparciais e verdadeiros. Talvez possamos resumir o jornalismo como a busca constante e incansável pela verdade, ainda que saibamos que não existe uma só.

Síntese

Neste capítulo, evidenciamos a importância da informação – matéria-prima do jornalismo – em nossa sociedade. A informação tornou-se objeto de poder e de resolução de problemas, dependendo do modo como é usada e repassada. Discorremos sobre o papel da comunicação e do jornalismo nessa mecânica toda, demonstrando que o desenvolvimento da sociedade atual está baseado nos fluxos de informação e, sobretudo, na maneira como nos comunicamos e criamos espaços de comunhão de informações.

Apresentamos as principais teorias dos MCM, mencionando quando começaram a ser estudadas e os resquícios que permanecem em nossas crenças até hoje. Além disso, explicamos as características essenciais do jornalismo – compromisso com a responsabilidade, a liberdade, a verdade e a objetividade – e a importância dessa atividade para o esclarecimento de fatos e o direcionamento de decisões que impactam a vida de todo mundo.

Questões para revisão

1. Na tarde de ontem, uma forte chuva provocou alagamentos em vários pontos de uma cidade. Sabendo que a verdade deve ser uma busca constante no exercício do jornalismo, reflita sobre os procedimentos que poderiam ser usados na pesquisa e na apuração do fato. Quem deveria ser entrevistado para que todos os vieses do acontecimento sejam apurados? Onde seria possível encontrar mais informações para contextualizar o fato ao público?

2. Para avaliar a qualidade do jornalismo que executa, o repórter deve assistir, ler e ouvir produções de outros veículos. Dessa forma, pesquise na internet uma matéria jornalística atual e faça uma leitura crítica dela à luz do que explicamos sobre objetividade, verdade, responsabilidade e liberdade. Escreva um texto refletindo sobre as questões que envolveram a responsabilidade do jornalista na construção do relato e sobre os fatores que determinaram se ele teve ou não liberdade para produzi-lo. Por exemplo: em uma matéria sobre política, que pode envolver a imagem de pessoas públicas, a responsabilidade do repórter reside na checagem rigorosa de todos os dados que serão repassados ao público; já a liberdade pode depender das relações que os veículos mantêm com os personagens da matéria.

Considere a seguinte matéria fictícia para responder às questões 3 e 4:

> O acidente aconteceu na noite de ontem, na Rodovia Abril, em Nova Canindé. No fundo, acho que o acidente aconteceu porque o motorista estava mandando uma mensagem no celular – eu vi o aparelho no carro –, mas não consegui saber das autoridades o que realmente houve.

3. Nesse texto, quais características do jornalismo estão em falta?
   a) Objetividade e verdade.
   b) Verdade e liberdade.
   c) Liberdade e responsabilidade.
   d) Objetividade e liberdade.
   e) Verdade, responsabilidade e liberdade.

4. Em qual dos trechos a seguir o relato é apresentado de maneira jornalística?
   a) O acidente aconteceu na noite de ontem, na Rodovia Abril, em Nova Canindé. Testemunhas disseram que esse acidente aconteceu porque o motorista estava mandando uma mensagem no celular – eu vi o aparelho no carro –, mas não consegui saber das autoridades o que realmente houve.

b) O acidente aconteceu na noite de ontem, na Rodovia Abril, em Nova Canindé. As causas ainda não foram divulgadas.

c) O acidente aconteceu na noite de ontem, na Rodovia Abril, em Nova Canindé. Testemunhas viram o motorista usando o celular um pouco antes da colisão.

d) O acidente, provocado possivelmente pelo uso do celular, aconteceu na noite de ontem, na Rodovia Abril, em Nova Canindé.

e) O acidente aconteceu na noite de ontem, na Rodovia Abril, em Nova Canindé. Ninguém sabe descrever o ocorrido.

5. No trecho a seguir, Claudio Abramo trata de uma das características inerentes à atividade jornalística:

Como um escritor constrói seus personagens? Eis algo que sempre me fascinou nos romancistas. Incapaz de escrever uma linha que não tenha pelo menos uma ligação subjetiva com a realidade ou pelo menos com a realidade como a vejo, eu naturalmente admiro os que conseguem criar tramas, enredos e personagens, com abundância de detalhes e riqueza circunstancial. (Abramo, 1988, p. 44)

Assinale a alternativa que apresenta ações necessárias para satisfazer a característica a que o autor se refere:

a) Abramo refere-se à objetividade. Como o jornalista precisa ir direto ao assunto, ele se vê como não competente na criação de subterfúgios textuais para envolver o leitor na matéria.

b) A atividade jornalística necessita de liberdade. O autor aponta que essa prática prevê a criação de personagens quando não está claro quem são os autores do fato.

c) Para Abramo, o jornalista, a fim de satisfazer a característica da verdade, deve checar as informações e publicar somente aquelas que consegue apurar e, a partir desse procedimento, avaliar o fato como concreto.

d) O autor aponta duas características do jornalismo: responsabilidade e liberdade. O jornalista precisa entender o peso das informações que divulga sobre os personagens de uma matéria.

e) Abramo refere-se às quatro principais características do jornalismo e faz uma crítica ao comportamento de profissionais que criam personagens em vez de checarem a realidade.

Capítulo
02

Jornalismo: como se faz?

Conteúdos do capítulo:

- Como se faz jornalismo.
- Processo de comunicação e noções sobre a produção jornalística.
- Reconhecimento e seleção de acontecimentos.
- Critérios de noticiabilidade.
- Valores-notícia.
- Notícia.

Após o estudo deste capítulo, você será capaz de:

1. compreender a produção jornalística;
2. distinguir critérios de noticiabilidade;
3. apontar os critérios de reconhecimento e seleção de acontecimentos;
4. dissertar sobre os valores-notícia;
5. entender a notícia como matéria-prima da produção jornalística.

Neste capítulo, mostraremos como ocorre a produção do relato de um fato ou como um acontecimento vira notícia. Além disso, analisaremos os parâmetros que definem os tipos de fato que devem ser pesquisados e publicados e explicaremos o que é uma notícia.

2.1
Processo de comunicação e noções sobre a produção jornalística

O processo de fazer notícia, ou seja, o caminho que um fato percorre até chegar às bancas de jornais e revistas ou estar estampado nos *sites* de notícias, é tão importante quanto a própria notícia. O público vê apenas o resultado final, principalmente quando está distante do fato em si, e quase sempre ignora o procedimento relativo à construção do relato. A maioria das pessoas desconhece o modo como o jornalismo é feito; elas veem o repórter realizando entrevistas e, de repente, a matéria editada no jornal da noite. Pronto! Magicamente o jornalista reuniu informações e contou a história.

Em geral, os participantes de um fato têm questionamentos sobre o relato, pois cada indivíduo tem uma maneira específica de relatar, dependendo de sua bagagem cultural e sua ideologia. À parte disso, a produção jornalística deve seguir determinados passos para garantir que o relato seja o mais próximo da verdade e tenha credibilidade, isto é, que seja crível, objetivo e responsável.

Com base nas teorias apresentadas no capítulo anterior, sabemos que existem sempre um emissor, uma mensagem e um receptor. Além disso, há um código, que pode ser a linguagem escrita, o som ou a imagem, e um canal, que pode ser o periódico impresso, o rádio, a televisão ou, ainda, a convergência de todos (som, texto e imagem) no computador.

O emissor, nesse caso, é o jornalista, que fornece a informação, a mensagem. O receptor é o público, que consome essa informação. Quando da divulgação da notícia, o público pode aceitá-la sem questionamentos, buscá-la em outros canais ou discuti-la com outros receptores, criando, assim, uma rede de comunicação ao redor da divulgação da notícia.

No entanto, é interessante falarmos do processo que vem antes dessa publicação, o qual diferencia o jornalismo do simples ato de contar uma história. Em um primeiro momento, precisamos dizer que essa mensagem não é algo que está pronto para o jornalista divulgar; trata-se de uma construção de fatos, que, aos poucos, toma forma.

Porém, há pessoas que não concordam com isso e jornalistas que ficam ofendidos com a afirmação de que eles "constroem" a história. Muitos acreditam que a história está ali e os profissionais da área simplesmente a checam e a reportam, ou seja, que qualquer pessoa, percorrendo o mesmo procedimento, faria igual. Então, de certa forma, essas pessoas creem que não há interferência do indivíduo comunicador (emissor) nessa construção. Contudo, sempre há um pouco do indivíduo em cada relato que faz.

> Como afirmou Tuchman (1976: 94), a notícia, através dos seus enquadramentos, oferece definições da relidade social. [...]
>
> Os profissionais das notícias resistem ao paradigma da notícia narrativa/construção apesar do fato de os jornalistas se referirem constantemente à notícia, no seu vernáculo profissional, como "estória". Esta resistência ao conceito da narrativa é mais bem compreendida sob o brilho dos valores fundamentais da sua ideologia profissional. (Traquina, 2008, p. 16)

Analisaremos, a seguir, o procedimento de produção de uma notícia. No entanto, antes de oferecermos fórmulas prontas sobre o processo jornalístico, é importante ter em mente que nem todos os relatos são feitos da mesma forma. Há uma contaminação do "eu" nesse processo e, tendo consciência disso, o jornalista constrói suas histórias com mais competência. O profissional deve sempre questionar suas próprias posições e rever suas escolhas, porque essa atitude de criticidade leva a um melhor desempenho da atividade jornalística.

Para se aproximar dos processos jornalísticos, veja um exemplo fictício do caminho entre o fato e a notícia.

Estudo de caso

Dona Maricota é uma senhora aposentada que passa as tardes pendurada na janela. Ela não tem Facebook e, por isso, prefere a maneira antiga (*old school*) de fiscalizar a vida e os fazeres dos outros. Em uma dessas tardes, ela viu um drone voando com um gato, que miava bem alto, preso nele.

Ao presenciar uma cena não usual, a pessoa geralmente liga para o jornal, o rádio ou a TV contando o que viu, e foi justamente o que Dona Maricota fez. Vale lembrarmos que, se um pedreiro, um dentista, um encanador, um professor e um taxista também tivessem visto essa cena, cada um deles teria um relato diferente a fazer.

Mas quais são os procedimentos esperados dos jornalistas nesse caso? Ao atender à ligação de Dona Maricota, o pauteiro – jornalista que elabora as pautas[1] para os colegas apurarem – deve tomar nota do endereço dela e perguntar-lhe tudo o que viu, coletando o máximo de informações possível. Depois, o pauteiro pede a um de seus colegas que averigue o que a Dona Maricota relatou. O trabalho do jornalista é averiguar e, mesmo que tenha ouvido a mesma história de muitas pessoas, é necessário apurá-la, chegando o mais perto possível do que seria o fato em si.

Outra questão: Como o jornalista pode fazer essa averiguação? É possível, por exemplo, ir ao local para ver o drone ou pedir imagens às pessoas, ou seja, seguir o fato. Após confirmar que há um gato preso ao drone, é hora de o jornalista ir além, pois ele tem a obrigação de trazer a história completa. Assim, é necessário descobrir o dono do drone e o do gato, se alguém estava controlando o equipamento remotamente ou se é automático/programável, o motivo de o gato estar ali, se algum indivíduo ou instituição salvou o animal, se é prevista alguma punição para o dono do drone e como foi o desfecho do acontecido.

---

1   A pauta é a "encomenda" da notícia, uma espécie de plano do que o repórter vai fazer.

Para dar credibilidade à história, o jornalista deve contatar testemunhas, pois, quanto maior o número de entrevistados e de versões da história, maior a possibilidade de chegar perto do que realmente aconteceu. Outra ação importante é conversar com profissionais ou instituições. Por exemplo: se o gato tiver sido resgatado por um bombeiro, convém perguntar a esse profissional como foi o salvamento, se ele se depara muito com esse tipo de situação, quais riscos o gato correu e que problemas poderia ter sofrido se tivesse caído do drone. Cabe destacarmos que, para o rádio e para a TV, as entrevistas devem ser gravadas em áudio ou em vídeo, editadas e, depois, intercaladas ao texto produzido e gravado pelo jornalista (*off*) para dar base ao roteiro.

Enfim, após as entrevistas com Dona Maricota, outras testemunhas, o proprietário do drone, o dono do gato e o bombeiro, o jornalista pode partir para o relato. Ele deve organizar as informações de maneira objetiva, em terceira pessoa, selecionando trechos das falas dos entrevistados para completarem a história.

As principais informações devem ser apresentadas no início do texto, seguidas das de menor relevância. Essa técnica é denominada *pirâmide invertida*. Depois disso, um editor deve analisar o texto e corrigir possíveis erros, verificar se a abordagem foi adequada e se houve um esforço de imparcialidade etc.

> Em periódicos impressos e na internet, antes de ser diagramado e publicado, o material passa ainda pelo crivo de um revisor.
>
> Decorridas todas essas etapas, a notícia está pronta para ser lida, ouvida ou assistida pelo grande público.

Nesse estudo de caso, não abordamos as entrelinhas da produção jornalística. No geral, ela deveria seguir esses passos, mas se lembre do *newsmaking*, que decide muita coisa, inclusive se os processos ocorrerão dessa forma.

Para tentar visualizar a rotina real de um jornalista, reveja todo esse processo e adicione a ele uma **pressa** imensa, porque, para o jornal impresso ou a TV, essa matéria precisa ficar pronta até o fim da tarde. Na internet, a correria é ainda maior: ela deve ser produzida nos próximos 10 minutos. Adicione a isso uns quatro outros textos sobre fatos que estão acontecendo ao mesmo tempo, que devem ficar prontos no mesmo dia e no mesmo horário.

Mas como ouvir todas as fontes e apurar todas as informações dessa maneira? A única resposta possível é: o jornalista deve fazer o melhor que pode no tempo que tem. Mesmo que o tempo esteja gritando em seu ouvido, ele deve falar com o maior número de fontes que conseguir. Outra dica é ler muito, pois isso permite ao profissional trabalhar o texto com mais rapidez e competência; a leitura oferece novos elementos de trabalho todos os dias. Por fim, como já mencionamos, o jornalista deve publicar apenas fatos que apurou e ter certeza de que aconteceram, conquistando, assim, credibilidade perante o público.

2.2 Reconhecimento e seleção dos acontecimentos

Como explicamos, nem tudo pode ser tratado como notícia, e podemos dizer que já temos um *feeling* para isso. Por fazermos uso dos meios de comunicação de massa (MCM) durante a vida toda, podemos, sem pensar muito, traçar um parâmetro do que deveria e do que não deveria ser veiculado no jornal impresso, na TV ou rádio. Vamos fazer um teste?

> Aponte, na lista a seguir, os assuntos que deveriam ser publicados no jornal:
>
> 1. Um avião caiu.
> 2. Sua prima completou 2 anos de idade.
> 3. As principais ruas de Brasília foram bloqueadas por causa da queda de um meteoro.
> 4. Seu vizinho terminou de ler um livro.

> 5. Seu professor morreu engasgado com uma bala de hortelã em plena aula.
> 6. Um carro deu a volta na quadra em que sua casa se localiza.
> 7. Uma televisão caiu do 12º andar de um edifício.
> 8. Você comeu uma maçã no café da manhã.

Todos esses fatos (fictícios) têm meio caminho andado para virar notícia, mas somente alguns serão reportados. Se você apontou todos os itens ímpares, acertou. Esses fatos passam nos critérios de noticiabilidade e, por isso, devem ser apurados e relatados.

De modo geral, qualquer jornalista diante dessa lista indicaria os mesmos itens, em virtude do senso comum da profissão. Porém, o jornalismo não é uma ciência exata e, por isso, as variáveis devem ser consideradas. Então, boa parte dos fatos apresentados na lista, dependendo do viés do veículo, pode se tornar notícia. Mesmo assim, alguns nunca serão publicados, ou por falta de espaço, ou porque provavelmente ocorram fatos mais importantes no dia.

Cada meio de comunicação segue uma **linha editorial**, isto é, uma identidade própria que orienta desde a aparência física do veículo até os vocábulos e a ideologia que constroem suas abordagens. É por isso, por exemplo, que alguns veículos usam até termos chulos e outros são mais formais e não cobrem determinados acontecimentos.

Enfim, os temas abordados, a construção textual, as editorias, entre outros elementos, definem a linha editorial de um MCM. Portanto, é essa linha que determina se, em dado veículo, um fato virará ou não notícia. Por exemplo: o cão do governador do Rio Grande do Sul se perdeu, mas o jornal de uma pequena cidade do interior goiano não vai publicar qualquer notícia sobre a busca ao animal, pois seu intuito é privilegiar temáticas mais próximas e interessantes à população local. Por não haver espaço para publicações do Brasil inteiro, os jornalistas do periódico terão de escolher o que cobrir e relatar (*gatekeeper*). Nessa seleção, levam-se em conta os critérios de noticiabilidade e também a linha editorial do jornal. Para o jornal em questão, seria mais interessante falar do aniversário de 15 anos da filha do prefeito, que foi comemorado no clube da cidade; da quantidade de gado vendida na última feira; do resultado da safra de soja local etc. As notícias da China ou da Bolsa de Valores de São Paulo (Bovespa) não interessam tanto aos leitores desse jornal, ou seja, tais fatos não são notícias para esse veículo. Por outro lado, para um jornal de circulação nacional, os 15 anos da filha do prefeito de uma pequena cidade de Goiás não é notícia.

Um bom repórter é aquele que tem faro para assuntos que satisfazem a linha editorial do veículo para o qual trabalha ou que força esse veículo a ser melhor, propondo notícias mais interessantes.

Outro ponto em que o jornalista deve prestar atenção é o enquadramento da notícia, ou seja, quais abordagens de um mesmo fato podem torná-lo notícia ou não. Os assessores de imprensa costumam realizar esse trabalho com qualidade, pois são *experts* em transformar um fato qualquer de seu cliente em algo interessante a ser noticiado, dando destaque a um viés específico.

Voltemos à nossa lista. O propósito agora é mudar um pouco o enquadramento dos itens pares. Como isso ficaria?

2. Sua prima completou 2 anos de idade, porém, quando nasceu, ela foi diagnosticada com uma doença rara que não lhe permitiria passar do primeiro ano de vida.
4. Seu vizinho terminou de ler um livro. Ele está concorrendo aos recordes mundiais na leitura de livros de receita.
6. Um carro com ladrões de banco em fuga deu a volta na quadra em que sua casa se localiza.
8. No café da manhã, você comeu a primeira maçã de uma árvore que está sendo estudada no Nepal e que traz todas as vitaminas em uma só fruta.

Mudou de ideia? Como mencionamos, tudo pode ser notícia, dependendo do veículo, do interesse que o relato pode provocar em seu público e dos outros fatos que estão acontecendo ao mesmo tempo. Em uma instância geral, tudo pode ser notícia, mas ela precisa ser tratada como tal, ou seja, é preciso selecionar os vieses que a tornarão notícia.

Contudo, o papel do jornalista não é forçar a publicação de uma notícia, mas saber o que buscar na cobertura de um fato. Convém ressaltarmos que há sempre uma hierarquização natural. Se você retomar aquela lista, provavelmente perceberá que alguns assuntos são mais urgentes do que outros. Leia o boxe a seguir para entender o que é uma matéria fria ou quente.

Perguntas & respostas

Já que tudo pode ser notícia, como o jornalista deve escolher os fatos a serem noticiados?

A matéria quente sempre terá prioridade. Logo, a queda do avião é mais importante que a maçã especial que você comeu. Como a queda ocorreu há pouco, existem muitas pessoas querendo saber mais informações sobre o assunto, que pode se desdobrar em centenas de matérias e relatos. Já a notícia sobre a maçã pode ser divulgada na próxima semana que ficará tudo bem. O impacto desta é muito menor que o da notícia sobre o acidente de avião, que causa comoção, porque há mais pessoas viajando de avião do que comendo maçãs estudadas no Nepal. Assim, a segunda notícia é chamada de *fria*, e a primeira, de quente.

....

A força direcionadora do trabalho de qualquer jornalista deve ser a satisfação do público. Além de se comunicar com um grupo de pessoas, é preciso falar a linguagem delas e, sobretudo, **o que** querem saber.

Dessa forma, a empatia é fundamental. O jornalista deve se colocar no lugar do leitor, do ouvinte ou do telespectador e pensar no que gostaria de saber sobre o evento. Tomando o acidente de avião como exemplo, algumas questões possíveis seriam:

- O que provocou a queda? Quem foi o culpado?
- Quem estava no avião? Alguém morreu? Houve sobreviventes? Qual era o perfil das vítimas?
- Em que posição os sobreviventes e os mortos estavam sentados dentro do avião?
- Como, quando e por quem os sobreviventes foram socorridos? Quais os machucados mais comuns nos feridos?
- De onde o avião partiu e para onde ia? Em que trecho da viagem aconteceu o problema? Houve tentativa de comunicação com a torre? O protocolo de comportamento foi seguido?
- Algum imóvel foi destruído ou danificado?

- A aeronave pegou fogo ou tentou executar um pouso de emergência?
- Alguém presenciou o acidente? O que as testemunhas viram?
- Esse acidente poderia ter sido evitado?
- Quem era o proprietário do avião?
- Como o fabricante do avião se pronunciou?
- Como os familiares das vítimas estão?
- Como as autoridades vão agir na investigação? Quem está responsável por ela?

Além da história principal, há o que chamamos de *side story*, ou histórias margeantes que podem ser provocadas pela central, depois da exploração de todos os assuntos mais urgentes. Dias ou semanas depois, podem-se produzir reportagens especiais sobre o trabalho do controlador de tráfego aéreo ou o treinamento de pilotos; criam-se, assim, matérias mais **frias**, remexendo em assuntos que rodeiam o fato que era **quente**.

Depois desses exemplos, você acredita na existência de uma fórmula para fazer jornalismo? Esperamos que não. O que pode acontecer é o aprendizado pela prática. É importante o jornalista fazer um autoquestionamento diário para verificar se o ângulo analisado da história é, de fato, o mais adequado ou se é possível sair do lugar comum e fazer abordagens alternativas.

Ricardo Kotscho, conhecido como o "repórter do pipoqueiro" (Dimenstein; Kotscho, 1990), foi enviado para cobrir a visita do presidente Costa e Silva a São Paulo. Para diferenciar-se dos demais jornalistas, Kotscho resolveu fazer pequenas matérias com personagens que estavam ao redor do palácio. Na ocasião, abordou a história de um pipoqueiro e, então, ficou famoso por ser o repórter que cobre o alternativo, o outro lado, o povo. Assim, podemos afirmar que há espaço para todo mundo e que não há fórmula para a seleção adequada de viés. Em suma, há a história e as *side stories*, que são infinitas.

2.3
Critérios de noticiabilidade

Nesta seção, mostraremos como é possível tornar mais objetivo o processo de identificação do que é e do que não é notícia. Primeiramente, convém ressaltarmos que são os critérios de noticiabilidade que fazem um fato virar ou não notícia. São eles que dizem que o simples ato de tomar café em casa numa manhã de domingo – o que não deixa de ser um fato – não serve como notícia.

Neste ponto do texto, é importante abordarmos duas expressões-base: *critérios de noticiabilidade* e *valor-notícia*. Há quem diga que são sinônimas, mas há também autores que as tratam de maneira diferenciada. Embora sejam muito próximas, por opção didática, vamos abordá-las separadamente. Iniciaremos pelos critérios de noticiabilidade e, na Seção 2.4, focaremos no valor-notícia.

Segundo Silva (2005, p. 96), a noticiabilidade pode ser compreendida

> como todo e qualquer fator potencialmente capaz de agir no processo da produção da notícia, desde características do fato, julgamentos pessoais do jornalista, cultura profissional da categoria, condições favorecedoras ou limitantes da empresa de mídia, qualidade do material (imagem e texto), relação com as fontes e com o público, fatores éticos e ainda circunstâncias históricas, políticas, econômicas e sociais.

Que critério um fato precisa cumprir para ser noticiado, ou melhor, como é a conversa na redação quando todos os jornalistas estão ao redor da mesa de pautas decidindo o que será ou não publicado? Cada um está tentando "vender" o assunto com base na importância que acredita que ele tem. Mas o que é interessante para o público que vai consumir essa informação? Essa é a primeira pergunta que deve vir à mente do jornalista.

Muitos autores propõem classificações para os critérios de noticiabilidade que norteiam a escolha dos fatos que serão relatados como notícia. Veja, a seguir, os mais comuns entre os autores e os que mais são ensinados nas escolas de jornalismo.

∴ Proximidade

Aquilo que aconteceu com meu vizinho me interessa muito mais do que aquilo que aconteceu com o Fulano da Silva na cidade de Cabrobozinho, no sertão do Araguaia. O ser humano, usualmente, sente empatia com pessoas ou situações mais próximas, conhecidas.

Você se lembra do exemplo da festa de 15 anos da filha do prefeito de uma pequena cidade goiana? Eventos relativos ao bairro, à cidade ou ao país onde os leitores vivem devem ser relatados no jornal. O público consome essa informação porque mantêm certa proximidade com ela. Por exemplo: Melhor compartilhar com os leitores a linda história de um cãozinho da China ou a do Paçoca, vira-lata que foi adotado pela comunidade em que o jornal é publicado? Certamente a segunda terá mais referências, mais trocas, mais efetividade e mais apelo, despertando a curiosidade do público, pois todo mundo conhece o Paçoca. Então, a proximidade é um ponto crucial para que um fato seja notícia.

∴ Atualidade

É sempre bom ouvir os avós contando como era a vida no passado, não é? Embora as pessoas gostem de histórias antigas, ninguém gosta de notícia velha. Ninguém gosta de ser o último a saber de alguma coisa; por outro lado, é gratificante ser o primeiro a saber de algum assunto interessante. É aquela sensação de ter o poder da informação antes dos outros ou, ainda, o sentimento de pertença quando descobrimos as coisas ao mesmo tempo que os demais. Enfim, notícia só é legal quando é fresquinha, como pão na padaria. Logo, se o fato acabou de acontecer e tem critério de noticiabilidade, será relatado por alguém.

Nessa busca pela atualidade das notícias, é comum os jornalistas dizerem que "vão furar" ou que "foram furados". Como a sociedade gosta de receber as notícias com rapidez, o veículo que consegue fornecer a informação antes dos outros tem preferência na escolha dos consumidores. É por essa razão que os jornalistas estão sempre correndo atrás das notícias para relatá-las. No jargão da área, o jornalista diz que "furou" seus concorrentes quando é o primeiro a relatar determinado fato; porém, se alguém faz o relato antes, ele diz que "foi furado".

∴ Serviço público

Todo assunto que pode auxiliar na melhoria de vida da população é notícia. Por exemplo: formas de tratar a água ou de lavar a calçada; vacinação encampada pelo governo federal; informações sobre o tráfego ou o clima em uma região específica; cuidados durante uma tempestade; maneira correta de carregar um bebê; realização de feira de produtos orgânicos, eventos culturais ou cursos de temáticas variadas; regras das eleições; e segurança. Resumidamente, o serviço público é quando o jornalismo presta informações à comunidade com o objetivo de ajudá-la a (con)viver melhor ou a resolver problemas comuns a todos os que vivem em um mesmo ambiente.

∴ Contraditório ou negativo

Você já deve ter ouvido alguém falar que não assiste a nenhum jornal porque "só tem desgraça". De certa forma, essa pessoa tem razão em apontar esse enquadramento, mas a escolha por esse critério cria uma falsa imagem do mundo. É preciso ter em mente que nem todos os acontecimentos são ruins, embora boa parte das matérias trate de assuntos desagradáveis. Na verdade, o contraditório ou negativo funciona como um dos critérios de noticiabilidade porque, teoricamente, é a exceção, o diferente. Não é normal o filho matar os pais enquanto eles dormem, nem uma pessoa alcoolizada provocar um acidente de trânsito – pelo menos, não é para ser. Esse foco no negativo é derivado do próximo critério de noticiabilidade – o ineditismo –, que é o mais comum e certeiro de todos.

∴ Ineditismo

Há uma frase muito usada nos estudos de jornalismo que mostra quanto o ineditismo influencia o que vai se tornar notícia: "Se um cão morde um homem, não é notícia, mas, se um homem morde um cão, é". Esse é um exemplo de quanto o ineditismo alimenta a máquina das notícias.

Se tivéssemos de ressaltar um único critério de noticiabilidade, escolheríamos o diferente, o fora das regras. Se um fato combinar esse critério com qualquer outro, com certeza deverá ser relatado. É por essa razão que as descobertas em geral (de remédios, cavernas, uma nova espécie de mosquito, um carro movido a ar, um jeito de "fugir" do trânsito, um aplicativo para controle financeiro) são notícias – com maior ou menor destaque, dependendo da linha editorial do veículo de comunicação.

Também se enquadram nesse critério desastres como o rompimento de barragens, alagamentos e incêndios e todos os tipos de acidentes, porque se supõe que eles não são corriqueiros – pelo menos, não deveriam ser.

> Hoje, o mero fato de morrer, fugir de casa, contrair matrimônio ou pedir divórcio não constitui notícia. Nascer, parir gêmeos, quebrar a perna, dar uma festa, ou ter reumatismo são acontecimentos que não valeriam o espaço nos jornais.

Já desfalques, transações imobiliárias, casos de amor e morte, o nascimento de trigêmeos ou de gêmeos siameses, quedas de aviões e lançamentos de carros continuam a merecer destaque, tanto maior quanto mais dinheiro, mais pessoas (quanto mais proeminentes forem essas pessoas), mais violência ou mais sexo envolverem. (Jorge, 2008, p. 23)

É válido reafirmarmos: os critérios de noticiabilidade dependem da linha editorial do veículo em questão e do público a ser atingido. Conforme Jorge (2008), as informações precisam "merecer espaço nos jornais". Nas cidades grandes, a concentração de pessoas é elevada e, por isso, acontece muita coisa inédita todos os dias. No entanto, em uma cidade pequena, os habitantes geralmente têm uma vida mais controlada e tranquila e, portanto, os eventos inéditos são ínfimos.

Dessa forma, os critérios de noticiabilidade vão diferir muito nos veículos de cada uma dessas cidades. Em ambos, são os jornalistas que acabam propondo uma "competição" entre os fatos em si. Assim, se na cidade grande houve três assassinatos, dois nascimentos de trigêmeos e vinte acidentes de trânsito, pelo menos um dos nascimentos e alguns dos acidentes não "caberão" nas páginas dos jornais. Essa reflexão se aplica aos veículos que têm tempo ou espaço limitado para a publicação de relatos.

Perguntas & respostas

O espaço na internet é ilimitado. Isso significa que todos os fatos podem ser relatados?

Sim, desde que haja nas redações um número elevado de jornalistas, o que geralmente não acontece. Portanto, em qualquer veículo e em qualquer cidade, independentemente de seu tamanho, sempre haverá uma seleção de notícias. É por essa razão que não se podem comparar os critérios de noticiabilidade de um grande veículo nacional com os de um jornal de bairro.

A seleção do que é ou não notícia é feita pelo jornalista, pelo editor e pela equipe em geral com base no público. Esse modo de trabalho também determina os valores-notícia.

2.4
Valores-notícia

Segundo Traquina (2008), há quem diga que os jornalistas têm um jeito próprio de diferenciar o que é do que não é notícia. É como se eles tivessem o poder de decidir os valores-notícia de cada fato. Lembre-se da mesa em que se decidem as pautas que serão trabalhadas: é como se uma superconsciência englobasse os profissionais da área, direcionando a percepção deles com relação ao que é notícia ou não. Para Bourdieu,

Chamboredon e Passeron (1993), seria o *habitus*. Por estar sempre informado, o jornalista tem noção de quando e onde alguns fatos vão se desdobrar e, por isso, pode se antecipar a determinados acontecimentos.

Traquina (2008) e Silva (2005) realizaram estudos abrangentes sobre o significado de *valores-notícia* e de *critérios de noticiabilidade* para diversos autores. Foram feitas listas imensas levando em conta diferentes formas de classificação. Como explicamos, os critérios de noticiabilidade estão diretamente ligados ao conteúdo do fato, e os valores-notícia, por sua vez, decorrem da produção do fato, desde a seleção e o olhar destinado ao relato até a construção do relato em si, os pontos destacados, as abordagens escolhidas etc.

> É preciso considerar que os valores-notícia são um *mapa cultural*, como define Stuart Hall; ou como afirma John Hartley, os valores-notícia não são naturais nem neutros, "eles formam um código que vê o mundo de uma forma muito particular (peculiar até). Os valores-notícia são, de fato, um código ideológico" (ambos [os] autores *apud* Traquina: 115 e 116). Cristina Ponte, pesquisadora portuguesa, resume bem a problemática dos valores-notícia. Primeiro ao lembrar, citando H. Hughes, que os valores-notícia não são simples marcas de seleção, mas, mais importante, são marcas de representação; uma vez que a seleção seria um "acto ideológico de representação". (Silva, 2005, p. 100)

Dessa forma, no contexto dos valores-notícia, levaremos em consideração o processo de seleção e construção da notícia, isto é, o que move o jornalista a entender determinado fato como uma possível pauta a ser trabalhada e, por fim, como ela é executada. Você já deve ter visto em algum filme o editor fazendo o seguinte pedido ao jornalista: "Quero que você consiga uma fala dele chorando!". Esse é um bom exemplo de **escolha de abordagem**.

Traquina (2008) busca em Bourdieu (1997) a explicação para a seleção dos fatos que vão se tornar notícia. Ambos apontam que os jornalistas usam "óculos particulares", por meio dos quais filtram o que veem, interpretando determinados fatos de maneira muito particular. Sob esse ponto de vista, realizam a seleção e a construção da notícia – por exemplo, ao ver uma árvore caída, o jornalista não visualiza apenas a cena em si; ele vai além, vislumbrando a fala da prefeitura sobre por que não cortou a árvore antes; o drama do dono do carro esmagado pela árvore; a vizinha preocupada e chorosa dizendo que a árvore poderia ter atingido a casa dela etc. Enfim, o repórter relata a história com base no que aprendeu como jornalisticamente aceito.

O italiano Mauro Wolf (1999) separa os valores-notícia em dois grupos: os de seleção e os de construção.

∴ Valores-notícia de seleção

Traquina (2008. p. 78) afirma que, para Wolf,

> os valores-notícia de seleção referem-se aos critérios que os jornalistas utilizam na seleção dos acontecimentos, isto é, na decisão de escolher um acontecimento como candidato à sua transformação em notícia e esquecer outro acontecimento. Os valores-notícia de seleção estão divididos em dois subgrupos: a) os critérios substantivos que dizem respeito à avaliação direta do acontecimento em termos da sua importância ou interesse como notícia, e b) os critérios contextuais que dizem respeito ao contexto de produção da notícia.

Segundo Traquina (2008) e Bourdieu (1997), os **critérios substantivos** dizem respeito à notícia em si. Entre eles estão:

- **Morte**: não apenas de causas naturais, mas também ocasionadas por acidentes, guerras, atentados etc.
- **Notoriedade**: vem de celebridades; de pessoas públicas, como políticos; e de líderes em geral, cujas ações influenciam um número grande de pessoas.
- **Proximidade**: não somente geográfica, mas também cultural. Certas tribos interessam-se mais por assuntos específicos voltados para elas. O jornalismo segmentado satisfaz esse valor-notícia.

- **Relevância**: assuntos que têm impacto na vida das pessoas ou da comunidade como um todo.
- **Novidade**: brilha nos olhos dos jornalistas, por ser algo que está acontecendo pela primeira vez. Por isso, assuntos que já foram informados não se tornam notícias facilmente, a não ser que haja novos desdobramentos.
- **Tempo**: desde a atualidade até datas em geral, como os 50 anos do golpe militar no Brasil. O tempo pode fazer com que determinados fatos sejam vistos ou não como notícias pelos jornalistas.
- **Notabilidade**: capacidade de o fato ser tangível, notado, visto facilmente. Greves de bancos e manifestações populares, por exemplo, são consideradas notícias aos olhos dos jornalistas. Aqui, cabe também o significado de *notável* como diferente, insólito, inacreditável ou, até mesmo, como escassez ou excesso (secas ou alagamentos).
- **Inesperado**: aquilo que deixa todo mundo sem fôlego ou sem ação, como um desabamento ou uma decisão inesperada de um líder político.
- **Conflito ou controvérsia**: por meio de violência física ou simbólica, representa a ruptura de algo na ordem social.
- **Infração**: transgressão, quebra do que seria legal, o crime em si.
- **Escândalo**: refere-se aos condutores morais da sociedade no que concerne tanto à corrupção quanto ao sexo.

De acordo com Traquina (2008), os **critérios de contexto** estabelecem a notícia em comparação a outros fatos ainda em negociação no veículo. Entre esses critérios estão:

- **Disponibilidade**: se é possível fazer a cobertura e a entrevista e coletar as informações necessárias. É importante avaliar se o relato vale a demanda de gastos necessários à sua produção.
- **Equilíbrio**: quantas notícias sobre assuntos similares já foram publicadas ou, ainda, quantos vieses desse fato já foram trabalhados. Busca-se um equilíbrio entre as pautas que serão relatadas nos veículos.
- **Visualidade**: o fato de uma informação ser visual ou não pode interferir em seu relato. Algumas notícias necessitam de boas imagens para não ficarem enfadonhas.
- **Concorrência**: o ponto-chave é o furo, isto é, aquilo que os concorrentes não têm. Dessa forma, ganham valor-notícia informações que os outros veículos não detêm ou, ainda, um viés ou uma entrevista que eles não obtiveram.
- **Dia noticioso**: refere-se, principalmente, à competição entre fatos sazonais. Por exemplo, se os assessores de imprensa querem que uma notícia seja publicada no jornal, não devem enviá-la às redações nas segundas-feiras, porque ela poderá ser ofuscada pelos acontecimentos factuais do final de semana. Assim, há um *ranking* de valores-notícia entre os fatos que aconteceram no mesmo dia.

∴ Valores-notícia de construção

Conforme Traquina (2008, p. 78), "Os valores-notícia de construção são qualidades da sua construção como notícia e funcionam como linhas-guia para a apresentação do material, sugerindo o que deve ser realçado, o que deve ser omitido, o que deve ser prioritário na construção do acontecimento como notícia". Apresentamos, a seguir, alguns desses valores:

- **Simplificação**: o acontecimento não precisa ser explicado ou provado nem ter imagens ou muitos entrevistados. Ele é como é e pronto. Não há diferentes contextos, ambiguidade ou complexidade.
- **Amplificação**: forma de mostrar a grandiosidade ou a coletividade de um fato. Um exemplo seriam as manchetes referentes à seleção brasileira de futebol: "O Brasil veste-se de verde e amarelo".
- **Relevância**: o jornalista mostra ao público receptor como determinado fato é importante e pode influenciar a vida de muitas pessoas. Por exemplo: por meio de gráficos explicativos, expõe que a poluição em determinado rio é relevante porque é nele que se fazem as coletas de água para abastecer a cidade.
- **Personalização**: o jornalista torna a notícia mais humana, ou mais próxima, por meio do uso de personagens, de

pessoas. O valor-notícia é mais facilmente apreendido quando há o testemunho, o drama pessoal, porque as pessoas se interessam por outras pessoas.

- **Dramatização**: caracterizada pelo *close* em rostos chorosos ou pelo destaque às emoções ou à situação mais crítica do fato em si. Em geral, essa tática é mais usada por veículos com vieses sensacionalistas.
- **Consonância**: quanto o fato é familiar ao leitor, ao ouvinte ou ao telespectador, ou seja, quanto está inserido em um contexto conhecido pelo público.

Traquina (2008, p. 95) explica que os valores-notícia podem variar, porque estão inseridos em um cenário de empresa jornalística, da qual sofrem influência:

> Mas os valores-notícia não são imutáveis, com mudanças de uma época histórica para outra, com sensibilidades diversas de uma localidade para outra, com destaques diversos de uma empresa jornalística para outra, tendo em conta as políticas editoriais. As definições do que é notícia estão inseridas historicamente e a definição de noticiabilidade de um acontecimento [...] implica um esboço da compreensão contemporânea do significado dos acontecimentos como regras do comportamento humano e institucional.

O jornalista precisa estar consciente da existência dos valores-notícia, que influenciam sua prática diária e sua vida, e usar a crítica para tornar seus relatos cada vez melhores.

2.5
Notícia

Notícia é todo fato que é contado. Para Jorge (2008, p. 23), "notícia é um acontecimento: mas nem todo acontecimento é notícia".

> A notícia, segundo Luiz Amaral no livro *Jornalismo: matéria de primeira página*, é a matéria-prima do jornalismo. Ele cita a revista americana Collier's Weekley, que define a notícia como "tudo o que o público necessita saber, tudo o que o público deseja falar", acrescentando que ela é "a inteligência exata e oportuna dos acontecimentos, descobertas, opiniões e assuntos de todas as categorias que interessam aos leitores". Na rotina produtiva diária das redações de todo o mundo, há um excesso de fatos que chegam ao conhecimento dos jornalistas. Mas apenas uma pequena parte deles é publicada ou veiculada. Ou seja, apenas uma pequena parte vira notícia. (Pena, 2005, p. 71)

Nosso intuito não é discutir o conceito de *notícia*, mas fazê-lo perceber que já o tem de alguma forma, intrínseco em seus conhecimentos. Naturalmente sabemos o que é uma notícia em praticamente todos os vieses. Todos certamente já ouvimos estas frases: "Ficou sabendo das últimas notícias?" e "Fulano mandou notícias para você". Assim, notícia é tudo aquilo que vale a pena ser relatado, ou porque satisfaz aos critérios de noticiabilidade, ou porque tem valor suficiente para ser notícia, ou simplesmente porque interessa ao interlocutor. E aí adentramos ao processo de comunicação novamente:

> Notícia é comunicação: quanto mais pessoas essa comunicação atingir, melhor. O objetivo é ampliar o espectro da informação. A tendência à segmentação, veículos dirigidos a público específicos não contradizem esse pressuposto. Também os suplementos estão obrigados a ter uma linguagem acessível, porque a qualquer momento um novato pode se interessar pelas matérias. Quanto mais fechada a notícia, menos ela comunica. (Jorge, 2008, p. 24)

Como mencionamos, outra forma de ver a notícia é como uma representação do agora – notícia é o novo, o fresquinho.

Tobias Peucer, primeiro estudioso a escrever uma tese sobre jornalismo, apresentou seu trabalho na Universidade de Leipzig, na Alemanha, em 1690. Naquela época, ele já contrapunha o jornalismo à história, explicando que esta remexia o passado e que a notícia, por sua vez, se referia ao tempo atual. Além disso, para Peucer (2004), a notícia deveria ter uma linguagem específica – simples, clara, direta e de fácil entendimento ou acesso. Ele aponta ainda a importância da fidedignidade, isto é, da aproximação do relato ao fato, para a produção de notícias.

> A expressão (*léxis*) ou modo de dizer, ou estilo dos periódicos, não há de ser nem oratório nem poético. Porque aquele distancia o leitor desejoso de novidade; e este lhe causa confusão além de não expor as coisas com clareza suficiente. Em compensação, o narrador, se quer agradar, precisa seguir antes o fato como ele sucedeu. Veja Cícero, livro II, *De oratore*. Pois bem, para este fim o narrador se faz servir uma linguagem por um lado pura, mas por outro clara e concisa. Isto é asseverado por Cícero no seu *Brutus*: "Não há nada, disse, que seja tão agradável na história como a brevidade pura e clara." Por isso cabe evitar as palavras obscuras e a confusão na ordem sintática. Assim também advertiu Lúcia na obra *De scrib. hist.*: "Que a sua palavra (a do escritor) tenha este único objetivo: mostrar os fatos claramente e torná-los compreensíveis da maneira mais diáfana, com palavras não obscuras e fora de uso, nem tampouco com palavras próprias dos mercados e dos botecos, de tal modo que a maioria as entenda e que os eruditos as respeitem". (Peucer, 2004, p. 24-25)

Em outras palavras, no jornalismo, a notícia assume o papel de centro do universo, ou seja, tudo orbita ao redor dela. O jornalista apaixonado pelo que faz se dedica incessantemente à busca de notícias, construindo-as ou relatando-as. No entanto, por se tratar de uma construção, a notícia precisa ser planejada e organizada para se configurar como tal.

∴ Gênero textual

Gênero textual é uma construção discursiva que cumpre determinada função comunicativa em nossa sociedade. Para cada situação comunicativa, há gêneros textuais específicos. Por exemplo: o requerimento, ou petição, serve para pedir ou requerer algo em níveis formais; a receita médica, escrita de um jeito bem específico, cumpre a função de comunicar ao paciente o remédio que ele precisa tomar; e a carta pressupõe a existência de um remetente e de um destinatário.

Com relação aos gêneros jornalísticos, alguns são usados especificamente para informar, e outros, para analisar ou emitir opiniões sobre os fatos. Eles estão sempre em mutação, porque fazem parte da sociedade. A internet tem proposto novos formatos de texto a partir do hipertexto e da convergência midiática que ela propicia – texto, imagem e som na mesma plataforma.

Entre os gêneros jornalísticos estão os informativos, os opinativos e os de entretenimento. Nesta obra, focaremos nos gêneros informativos, como a nota, a reportagem, a entrevista e a notícia. Portanto, além de ser o relato de um fato que merece ser contado, em razão dos critérios e dos valores já citados, a notícia é uma construção textual específica, um gênero jornalístico.

Em um primeiro momento, tem-se a nota, que é curta, sucinta e muito direta. Na outra ponta está a reportagem, que apresenta características muito próximas às do jornalismo literário, contando a história de maneira cronológica, subjetiva, detalhada e aprofundada. A notícia está entre as duas, podendo ser considerada "mãe" da nota e "filha" da reportagem; é o texto direto, sucinto e objetivo que, com certo nível de detalhamento, dá um apanhado geral sobre o fato, sem aprofundar-se intensamente. De acordo com Lage (2005, p. 73),

> o que caracteriza o texto jornalístico é o volume de informação factual. Resultado da apuração e tratamento dos dados, pretende informar, e não convencer. Isso significa que o relato, por definição, está conforme o acontecimento – este sim, passível de crítica e capaz de despertar reações distintas nos formadores de opinião e entre os receptores da mensagem em geral.

A sociedade contemporânea vive do consumo de notícias. Textos curtos e diretos são vistos de maneira rápida, passando a informação necessária no tempo escasso de que dispomos. Nessa reflexão, as manchetes e as gravatas que lemos correndo nas redes sociais cumprem, de certa forma, a função de notícias, mesmo que recortadas da realidade sobre a qual queremos saber. Assim, a produção da notícia demanda cuidados essenciais: texto coeso, discurso direto e objetivo e, principalmente, título que reflita o cerne das informações relatadas. Como toda construção, a notícia obedece à lógica do construtor, embora haja padrões a serem seguidos. A escolha e a hierarquização das informações são de total responsabilidade do jornalista, mesmo que ele se utilize da fórmula da objetividade, ou seja, notícia é o relato de um fato realizado por esse profissional.

Síntese

Neste capítulo, discutimos algumas noções de produção jornalística, explicitando procedimentos que fazem um fato virar notícia e esta ser publicada. Versamos também sobre o reconhecimento e a seleção dos acontecimentos que precisam ser relatados, entendendo que o jornalista tem de lidar, praticamente todos os dias, com dois conceitos similares:

1. Critérios de noticiabilidade: características intrínsecas ao fato em si, que podem variar conforme as linhas editoriais dos veículos. Entre eles estão o serviço público, a atualidade e o ineditismo.

2. Valores-notícia: podem ser divididos em valores de seleção e de construção e têm mais relação com o contexto em que os fatos estão inseridos.

Por fim, discorremos sobre a notícia, matéria-prima de qualquer trabalho jornalístico. Mostramos que, em 1690, Tobias Peucer já contrapunha o jornalismo à história, explicando que esta remexia o passado e que a notícia, por sua vez, se referia ao tempo atual. Entendemos que a notícia está entre a nota, que é curta, sucinta e direta, e a reportagem, que apresenta os acontecimentos de modo aprofundado.

Questões para revisão

1. Sabendo que o texto jornalístico é uma construção, a contação de uma história, como o jornalista pode garantir que ele seja isento de opinião e juízo de valor? Em sua opinião, é possível produzir um texto jornalístico com total objetividade, sem a contaminação do construtor?

2. Com base em notícias publicadas atualmente, em sua opinião, quais são o valor-notícia e o critério de noticiabilidade mais importantes? Justifique sua resposta.

3. Assinale a alternativa que apresenta apenas valores-notícia de seleção:
   a) Proximidade, negatividade e notoriedade.
   b) Visualidade, disponibilidade e concorrência.
   c) Atualidade, equilíbrio e notabilidade.
   d) Amplitude, simplicidade e ineditismo.
   e) Escândalo, relevância e morte.

4. A notícia é "mãe" da nota e "filha" da reportagem. Essa explicação aponta para o fato de que, em geral, a notícia:
   a) é mais simples que a nota e que a reportagem.
   b) é mais aprofundada que a reportagem.
   c) complementa a nota.
   d) está entre a nota e a reportagem.
   e) não tem similaridade textual com a nota e a reportagem.

5. Para Jorge (2008, p. 24), "Notícia é comunicação: quanto mais pessoas essa comunicação atingir, melhor. O objetivo é ampliar o espectro da informação. [...] Quanto mais fechada a notícia, menos ela comunica".

Assinale a alternativa que justifica essa informação:

a) Peucer (2004) estabelece a diferença entre a atividade jornalistíca e a história: uma fala do presente, e a outra, do passado.

b) Lage (2005) aponta que o que faz a notícia ser tratada como tal é sua atualidade. Assim, ele destaca um dos mais importantes critérios de noticiabilidade.

c) Gramsci (2006) afirma que a imprensa é a escola dos adultos. Isso significa que ela tem o papel de esclarecer à população o conhecimento que não é do alcance de todos.

d) Traquina (2008) percebe que, em geral, os jornalistas reagem quando alguém diz que a notícia é uma construção social passível da influência de diversas variáveis, desde ideológicas até socioeconômicas e culturais.

e) Pena (2005) aponta que a notícia tem um sentido totalizador, sendo aquilo que o público precisa saber ou quer dizer.

Capítulo

03

As diversas faces do jornalismo

Conteúdos do capítulo:

- As faces do jornalismo.
- Objetividade jornalística.
- O jornalismo como conhecimento, instituição, profissão ou ciência.

Após o estudo deste capítulo, você será capaz de:

1. entender as diversas faces do jornalismo;
2. discorrer sobre a importância da objetividade jornalística;
3. distinguir o jornalismo em seus diversos vieses: conhecimento, instituição, profissão e ciência.

Neste capítulo, analisaremos a chamada *objetividade jornalística* e como esse conceito opera no fazer jornalístico. Aprofundando os conceitos da atividade, versaremos sobre o jornalismo nos seguintes âmbitos: forma de conhecimento do mundo; instituição social e midiática; profissão; e ciência.

3.1
Objetividade jornalística

Muitos jornalistas foram treinados para buscar a objetividade, isto é, construir o relato o mais próximo possível do fato. Um dos problemas epistemológicos desse "treinamento" é que, muitas vezes, este é apresentado aos jornalistas iniciantes como a solução definitiva para a parcialidade. Isso dá a entender que, seguindo os procedimentos e o estilo (fórmula) textual, o profissional torna-se objetivo e, por consequência, imparcial e equilibrado. Redações inteiras entendem – e se iludem – que, seguindo as regras, estão falando a verdade, ou seja, relatando o fato exatamente como ele aconteceu.

> A concepção inicial de objetividade jornalística parte do princípio de que não há uma distinção entre a realidade e a notícia. Ou seja, a notícia seria o reflexo e a imitação da realidade. Nessa afirmação há duas premissas: Primeiro, a de que existe uma realidade, única, universal e imutável. Segundo, de que não há qualquer mediação ou interferência simbólica, cultural e ideológica entre a realidade e a notícia.
>
> Premissas, essas, que estão localizadas historicamente dentro do positivismo moderno. A valorização da racionalidade, da verdade e da ciência é o fundamento desse período. Assim, acreditava-se que através de procedimentos racionais e científicos seria possível atingir a "verdade". Marcado pela distinção entre sujeito e objeto, o cartesianismo moderno contaminou o jornalismo, que passou a justificar-se como um relato em que os objetos pudessem ser observados com distanciamento e imparcialidade. (Melo, 2007a, p. 1)

Essa autora explica a grande falácia em que os jornalistas se envolvem quando acreditam piamente que, seguindo determinadas regras, podem alcançar a inteireza da verdade.

Todos saímos de uma escola que dividia – e ainda o faz – as disciplinas como se os conhecimentos pudessem ser colocados em gavetas separadas. Esse é o efeito do cartesianismo: fatiar o que conseguimos apreender do mundo para que tais informações sejam mais bem absorvidas e entendidas. Veja: não há mal algum em dividirmos o mundo em partes para estudá-lo melhor; o problema é que esse procedimento nos fez acreditar que tudo poderia ser tratado de maneira cirurgicamente isolada de qualquer outra variável, o que não é real. Esses resquícios de cartesianismo são muito alimentados pelos seres humanos, porque necessitamos de certezas. De fato, as dúvidas nos inquietam, pois precisamos de explicações claras e definitivas para as questões mundanas.

Foi assim que essa forma de fazer jornalismo se estabeleceu e, aos poucos, um texto cronológico, repleto de adjetivos e floreios (estilo nariz de cera), deu lugar à **pirâmide invertida**, que vai direto aos elementos principais do fato e evita juízos de valor. Para impessoalizar o relato e invisibilizar o jornalista, passou-se a adotar a terceira pessoa, isto é, para qualificar o relato, é dada voz a interlocutores externos, como pessoas que tenham testemunhado o fato ou que ocupem cargos oficiais.

O jornalismo navegou para lá e para cá. Assim, veio o Novo Jornalismo, que se misturou com a literatura e inaugurou outros estilos; entretanto, as pessoas, de modo geral, ainda veem a construção do relato noticioso como um retrato da realidade, objetivo, nu e cru. Mas não é. Essa vontade de ter tudo compartimentado (o certo e o errado, o branco e o preto, o de lá e o de cá) – a psicologia explica que essa é uma ânsia do nosso cérebro – faz com que a sociedade cometa o erro de acreditar que um relato é o único que pode ser feito sobre o fato porque seguiu determinadas regras. Sobre isso, vamos abrir um parêntese para um relato pessoal.

> Fiz esse teste em várias salas de aula. Propus aos meus alunos a cobertura de um fato corriqueiro no meio da praça central da cidade. Fomos até lá para colher informações. Todo mundo sabia como escrever um texto jornalístico. Voltamos para a sala e, seguindo as regras básicas de objetividade textual, cada um produziu seu relato. O resultado? Não houve um só texto parecido com o outro e todos falaram a verdade. Os relatos foram criados com base nos procedimentos ensinados em sala: pirâmide invertida, *lead*, declarações entre aspas, terceira pessoa, omissão de juízo de valor ou adjetivação, entre outros. Todos seguiram o protocolo em nome da objetividade. Quem fez o certo? Quem fez o errado? Na verdade, nem um nem outro. Esse é o maior problema tanto no aprendizado do jornalismo quanto na recepção dele. Por mais que exista jornalismo sério sendo feito pelos veículos de comunicação,

> não é possível tratar um relato tal qual a realidade, pois nem a realidade é estável e perene. Tudo muda, tudo tem vieses, e nem sempre haverá certo ou errado. Podem existir muitas versões diferentes, mas todas verdadeiras, como demonstrou esse exercício que realizamos em aula.

Sabemos que você passou anos aprendendo as coisas pelo viés da ciência exata: se uma coisa estava certa, então a outra estava errada. Para desmistificar essa ideia, comece a tratá-la com uma margem de variação – por exemplo, pode ser isso, mas também pode ser aquilo, ou, dependendo do contexto, podem ser ambos. É importante sempre analisar cada situação, porque há subjetividade em praticamente tudo o que existe no mundo.

Porém, um grupo imenso de profissionais acredita que, seguindo as regras da objetividade textual, o texto refletirá a imagem da realidade. Há, inclusive, quem ensina isso nas faculdades sem apontar as subjetividades inerentes aos procedimentos. Outros pensam que se o trabalho não for um espelho do acontecimento, virará opinião ou juízo de valor. Mas a questão não é irmos a extremos. Melo (2007a) explica que muitas **variáveis** interferem na produção jornalística, tirando parte de sua objetividade e tornando-a subjetiva. Para a autora, essas variáveis estão:

- na narrativa, na escolha das informações que serão contadas, na construção do *lead* e para quem se dá a voz para falar sobre o fato em si;
- no processo de seleção dos fatos que serão noticiados, o que variará de acordo com o contexto, não havendo um jeito certo ou errado de fazê-lo;
- na ordenação do tempo, quando se dispõem os fatos que nem sempre aconteceram em dada ordem cronológica, mas obedecem ao processo de produção jornalística, com *deadlines* e formas de organização próprias.

Perguntas & respostas

As produções jornalísticas não refletem a verdade porque se contaminam com subjetividades em diversas partes dos processos. Então, é falha essa crença de que é possível ser imparcial na totalidade? Todos os conteúdos veiculados no jornal, no rádio e na televisão dependem do contexto e da ideologia de quem os produz?

É mais ou menos assim. Primeiramente, o jornalista precisa se despir da certeza de que, seguindo um padrão, será objetivo o suficiente para trazer o exato relato da realidade. Por outro lado, é necessário buscar formas de amenizar essa subjetividade, senão tudo virará opinião.

Consciente de que a objetividade não garante pureza ao relato, o jornalista deve amenizar as subjetividades, ou seja, as influências que podem ser percebidas na produção jornalística, e, com base nisso, buscar um equilíbrio entre essas duas condições.

> A objetividade, como procedimento, é um método extremamente saudável e ético para a prática jornalística. Assim, não se trata mais de encontrar uma verdade última ou de acreditar que os fatos possuem uma objetividade em si, mas de buscar produzir uma narrativa equilibrada, o que implica: ouvir as várias versões do fato, por diferentes fontes; apresentar a controvérsia; verificar documentos e dados que comprovem ou não o fato; buscar não tomar partido, entre outras condutas técnicas-éticas. (Melo, 2007a, p. 5)

Melo (2007a) destaca a importância de se buscar a intersubjetividade "dentro" da objetividade jornalística, o que configura um esforço pelo equilíbrio narrativo, com vistas a colocar a humanidade diante de um relato que tem a verdade como propósito.

A intersubjetividade, por pressupor o equilíbrio, não está relacionada a um método frio e racional na apreensão e, especialmente, de narração dos acontecimentos. Pois, toda "boa" reportagem utiliza elementos narrativos para contar o acontecimento. Assim, antes de ferir a objetividade jornalística, a narratividade é uma de suas condições para produzir um relato claro e atraente.

Portanto, ao invés de se opor a concepção da notícia como narrativa, esse procedimento leva em conta o seu caráter simbólico. E, por isso mesmo, utiliza com equilíbrio os elementos expressivos buscando a melhor apresentação possível do fato, ou se preferirem, sua maior objetividade. Portanto, o mero registro, sem utilização da potencialidade narrativa produz a menor clareza e comunicabilidade do fato, enquanto a utilização de recursos narrativos ao contar o acontecimento, ao invés tornar ficcional, dá ao fato maior objetividade. Nem apenas dados e estatísticas (que configurariam o relato frio), nem apenas a humanização e dramatização do fato (que seria o sensacionalismo). Uma boa "estória" noticiosa é aquela que ao mesmo tempo prende a atenção pelos elementos de personificação e dramatização, como também informa oferecendo um significado dentro de um repertório cultural especializado.

A objetividade no jornalismo, que é intersubjetividade, não pede isenção total, pede equilíbrio. (Melo, 2007a, p. 6)

Para entender essa questão de maneira prática, é importante o jornalista pôr fim à crença de que consegue fazer um relato isento de qualquer variável; por essa razão, precisa estar ciente do esforço que tem de fazer para se distanciar de juízos de valor ou de subjetividades que contaminem o relato. É uma procura contínua pelo equilíbrio, aceitando as subjetividades ao mesmo tempo que busca uma objetividade verdadeira – não essa que maquia os procedimentos, dando a ilusão de que, por meio de certas fórmulas, é possível garanti-la. É o constante esforço por tornar-se melhor que fará o jornalista relatar com concretude, mesmo aceitando as intersubjetividades.

3.2
Jornalismo como conhecimento

Como mencionamos na seção anterior, fazemos parte e somos produto de uma sociedade que prioriza a ciência, aquela dividida em fatias de assuntos como forma de entender os processos do mundo.

Na escola, é comum os estudantes julgarem confiáveis as ciências naturais, tradicionais, e deixarem em segundo plano as ciências humanas e aplicadas. Aos poucos, correntes epistemológicas (que estudam o conhecimento) foram se desenvolvendo e, assim, as pessoas perceberam não apenas que a ciência precisava ser retirada desse pedestal de "única correta e segura", mas também que outras formas de se enxergar o mundo deveriam ser pensadas, estudadas e aceitas.

Quem desenvolve pesquisa científica, por exemplo, acaba percebendo que os fatos não são "preto no branco". A ciência não está parada, visto que as pesquisas sempre continuam, e não carrega uma verdade estagnada, tanto que os livros didáticos precisam ser atualizados constantemente. Mas por que o papel da ciência é testar as teorias continuamente, como se quisesse provar que as hipóteses estiveram sempre erradas? É assim que a humanidade evolui: com uma pulga atrás da orelha que faz os cientistas continuarem estudando e investigando.

Para conhecerem o mundo, os indivíduos também podem recorrer à história. Estudando como o passado se estruturou, é possível visualizar alguns caminhos de decisões a serem tomadas no futuro, as consequências de determinadas ações ou as causas de situações vivenciadas na atualidade. Nesse sentido, não usar a história para conhecer o mundo significa estar propício a cometer erros similares aos do passado. Fazendo um paralelo com a ciência, seria como descobrir que o fogo queima e dói, esquecer-se disso e se queimar novamente por pura ignorância.

Outra forma interessante de conhecer o mundo é a arte, que, por meio de uma linguagem própria, busca se fazer entender e explicar um momento histórico e social, o ser humano e suas aspirações, os padrões de beleza de uma época, as formas de relacionamento e as trocas sociais. Convém ressaltarmos que a arte não foi feita para ter um significado específico, mas para despertar outros sentidos, além dos cinco racionais. O ser humano também aprende pelo belo, por aquilo que provoca emoção.

Considerando que há modos distintos de se apreender o mundo e o que nele acontece, chegamos à proposição de que o jornalismo também é uma forma de conhecimento. A título de exemplificação, pergunte a uma criança se ela já usou matérias de jornais ou revistas em seus trabalhos escolares e, ainda, se já gravou programas radiofônicos ou documentários televisivos. Esse é um uso bem interessante da produção jornalística como conhecimento, mas esse conceito vai além e vamos aprofundá-lo.

Nos anos 1980, o professor catarinense Adelmo Genro Filho propôs uma reflexão sobre o jornalismo como teoria na obra *O segredo da pirâmide: para uma teoria marxista do jornalismo* (1987). Nessa publicação, o autor já considerava o jornalismo uma forma de conhecimento do mundo. Posteriormente, o professor Eduardo Meditsch deu continuidade a esse estudo, investigando essa ruptura com tudo o que se pensava na época sobre o jornalismo (Bona, 2006).

> Essa visão do jornalismo como uma das formas de conhecimento das quais a sociedade moderna poderia dispor teve que ser apoiada em alguns conceitos da filosofia, principalmente a desenvolvida por Hegels: as categorias do singular, particular e universal (MEDITSCH, 1992, p. 27). Segundo Genro Filho, essas categorias estão presentes na existência de tudo no mundo.

São dimensões nas quais qualquer coisa pode existir. Algo é singular quando não se repete, não há igual, é o inusitado, o exclusivo. Particular é aquilo que pertence a um determinado grupo por uma similaridade, um grupo limitado a partir de uma particularidade que o une. Uma pessoa que tem olhos azuis possui essa determinada particularidade, assim como outras que possuem olhos azuis. E essa pessoa pode ser universal se pertencer ao grupo dos seres vivos, uma categoria universal. Assim, uma mesma pessoa pode ser singular, particular e universal ao mesmo tempo e essas dimensões podem mudar e se relacionar de acordo com o ponto de vista de análise. Mas elas estarão sempre amarradas, relacionadas. Uma dimensão sempre está presente em outra. (Bona, 2006, p. 3)

Podemos inferir, então, que o jornalismo é uma forma de conhecimento que funciona em outra dimensão da ciência. Para Genro Filho (citado por Meditsch, 1997), o jornalismo está estabelecido em um patamar epistemológico diferente daquele em que a ciência se encontra. Em outras palavras, a ciência tem leis que alcançam a universalidade e, por sua vez, o jornalismo é uma forma de conhecimento daquilo que é singular nos fatos.

Conforme Meditsch (1992, 1997, 2004), o jornalismo propicia a percepção individual dos fenômenos, ou seja, é justamente na percepção daquilo que é singular dentro do universal que o jornalismo como conhecimento trabalha. Como já falamos, há um jogo de influências tanto na produção quanto na recepção desse conhecimento. Dessa forma, por estarem em diferentes patamares, não há como comparar o conhecimento do mundo propiciado pela ciência com o oferecido pelo jornalismo.

Nesse sentido, a matéria-prima do jornalismo são os fatos inéditos, pois é o diferente que faz com que o acontecimento se torne notícia. Imagine que a notícia tem o formato de uma pirâmide: aquilo que é singular, ou seja, o mais importante do acontecimento, seria o ápice; o que é particular seria a base; e aquilo que é universal seria o espaço que vai além dos limites da pirâmide.

Figura 3.1 – Notícia

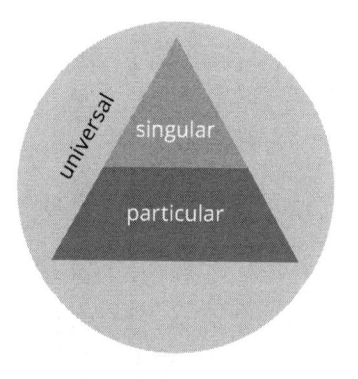

A ciência, com base no método científico, analisa um corte da realidade para buscar conclusões, seleciona um pedaço do universo para fazer uma experimentação controlada em busca de algumas respostas. Em outro caminho, o jornalismo parte da observação da realidade não controlada e apreende tudo aquilo que é relevante e singular da realidade sem recorte prévio (Meditsch, 2004).

Um conhecimento leva mais tempo para ser produzido pela ciência que pelo jornalismo, visto que este tem a capacidade de transmitir um fato instantaneamente. O cotidiano, o atual, é o ponto de chegada do jornalismo e não o de partida, ao contrário do que acontece com a ciência.

> Além desta maneira distinta de produzir conhecimento, o jornalismo também tem uma maneira diferenciada de o reproduzir, vinculada à função de comunicação que lhe é inerente. O Jornalismo não apenas reproduz o conhecimento que ele próprio produz, reproduz também o conhecimento produzido por outras instituições sociais. A hipótese de que ocorra uma reprodução do conhecimento, mais complexa do que a sua simples transmissão, ajuda a entender melhor o papel do Jornalismo no processo de cognição social. (Meditsch, 1997, p. 3)

É possível afirmar, assim, que o jornalismo é um instrumento para se conhecer o mundo, pois traz à luz informações e realidades desconhecidas da sociedade. É também vetor de outras formas de conhecimento quando traduz e comunica os resultados de pesquisas científicas, quando fornece informações sobre resgates históricos, quando busca na história formas de explicar o presente ou, ainda, quando traduz e apresenta o conhecimento que vem da arte.

Segundo Melo (2007b), o sociólogo norte-americano Robert Park propôs, em 1940, uma reflexão acerca do produto jornalístico como forma de conhecimento: a notícia.

> Para Park a notícia é uma forma de conhecimento que não se interessa nem pelo passado (como acontece com a história), nem pelo futuro (como o que acontece, por exemplo, com a economia), mas pelo presente. A essa fixação pelo presente ele denominou de "presente especioso". Chama-o de "especioso", por se tratar de um presente singularizado na forma de conhecimento noticioso. Forma, essa, marcada pela efemeridade do conhecimento. (Melo, 2007b, p. 7)

Tanto o jornalismo quanto seu produto, a notícia, podem ser vetores do conhecimento e formas de se apreender o que acontece no mundo. Por esse motivo, o jornalismo deve ser tratado com a mesma reverência que a ciência.

3.3
Jornalismo como instituição

Nesta seção, abordaremos outra face do jornalismo, chamada de *mídia*, de *quarto poder*, de *aparelho ideológico do estado* ou de *instituição*.

Atualmente, o jornalismo é formado por um conjunto de indivíduos (jornalistas, editores, donos de jornais, redatores, fotógrafos etc.), empresas, sistemas, regras e tipos de fazeres, que podem ser estabelecidos como uma corporação praticamente personalizada. Esse conjunto que forma o jornalismo e também a publicidade é denominado *mídia*.

O jornalismo, visto como esse ente uno e personalizado, desenvolve um papel muito específico na sociedade. Para Althusser (2007), a mídia funciona como um dos aparelhos ideológicos do Estado, isto é, uma das engrenagens da máquina que faz a sociedade funcionar na lógica em que está inserida. Mas o que ele quer dizer com isso? Que, em uma sociedade em que há disputa de classes, a elite detém os meios de produção e o povo alimenta essa engrenagem por meio da força de trabalho. Um precisa do outro para viver, mas, segundo Marx (2017) e Althusser (2007), os detentores dos meios de produção precisam explorar os fornecedores de força de trabalho para ganharem cada vez mais e manterem suas posições sociais. Por isso, em nossa sociedade, é tão fácil separar as pessoas que têm dinheiro daquelas que lhes servem.

Se as pessoas que representam a base da força de trabalho se rebelassem contra esse modelo de organização – em que alguns ganham muito e outros trabalham para estes e ganham pouco –, as estruturas sociais acabariam mudando. Por outro lado, quem tem privilégios não quer perder essa posição. Marx (2017) e Althusser (2007) entendem que uma ideologia permeia essas relações: tentar convencer as pessoas de classes mais baixas de que elas nunca conseguirão fazer uma faculdade, jamais terão chance de vencer na vida e sempre terão somente o suficiente para viver, devendo se conformar com isso.

Para Althusser (2007), a Igreja, a escola, os partidos políticos, a família, a cultura em geral, as leis e a mídia podem ser considerados aparelhos ideológicos do Estado, reafirmando sempre a ordem das coisas. Nos dias atuais, a mídia, muitas vezes, reforça ideologicamente as estruturas sociais de dominação de um grupo sobre o outro.

Perguntas & respostas

Em que situações a mídia serve a esse propósito?

Esse reforço ideológico é perceptível em diversas situações, por exemplo: alguns jornalistas usam vocábulos diferentes para se referirem a um menor pobre e a um menor rico que assaltaram uma padaria – o primeiro é chamado de *menor infrator*, e o segundo, de *adolescente*, apenas. Outro exemplo é quando as notícias omitem as mortes de indivíduos nas periferias, mas destacam sobremaneira a vida de celebridades. Essas escolhas de valores-notícias não são isentas de intenção; elas tendem a fortalecer um sistema que aponta que os indivíduos endinheirados têm mais possibilidades e a invisibilizar as pessoas de poucos recursos.

O mais interessante nesse processo todo é a facilidade usual com que os profissionais explicam os padrões socialmente estipulados e os passam adiante. Um bom jornalista, se entender que pode ser um instrumento desses aparelhos ideológicos, conseguirá analisar, com certa criticidade, seu próprio texto e as informações nele contidas.

De acordo com Berger e Luckmann (2004, citados por Guerreiro Neto, 2012, p. 2),

> As instituições foram criadas para aliviar o indivíduo da necessidade de reinventar o mundo a cada dia e ter de se orientar dentro dele. As instituições criam "programas" para a execução da interação social e para a "realização" de currículos de vida. Elas fornecem padrões comprovados segundo os quais a pessoa pode orientar seu comportamento. Praticando esses modos "prescritos" de comportamento, aprende a cumprir as expectativas ligadas a certos papéis, como casado, pai, empregado, contribuinte, transeunte, consumidor. Quando as instituições funcionam normalmente, o indivíduo cumpre os papéis a ele atribuídos pela sociedade na forma de esquemas institucionalizados de ação e conduz sua vida no sentido de currículos de vida assegurados institucionalmente, pré-moldados socialmente e com alto grau de autoevidência.

O jornalismo pode ser considerado uma dessas instituições quando ocupa a posição de **intermediador** dos indivíduos e da sociedade como um todo. Entretanto, nessa situação, é importante desvincular o jornalismo da instituição midiática, que engloba os meios de comunicação de massa (MCM) em geral, e não apenas a atividade jornalística.

> Os meios de comunicação de massa têm papel-chave não apenas por mediarem a interação do indivíduo com a sociedade, mas por mediarem também a interação do indivíduo com as outras instituições. Os autores não falam especificamente do jornalismo como instituição, embora esse papel de dupla mediação possa ser imputado também ao jornalismo. Vale pontuar, no entanto, algo que parece evidente, mas que é desprezado com recorrência: *media* e jornalismo não são a mesma coisa. Basta, por exemplo, acompanhar a programação televisiva para ver que apenas uma parte, via de regra pequena, é produção jornalística. Além disso, seria um erro confundir o meio (por exemplo, o jornal impresso, onde também nem tudo é jornalismo) com o fenômeno (jornalismo). O fato de a instituição ser uma realidade objetiva em absoluto significa que ela precisa ser palpável, ou que ela se confunda com seu produto materializado. Distinção feita, deve-se considerar o

quão difuso é hoje diferenciar o jornalístico do não jornalístico e que o jornalismo não pode ser entendido apartado dos *media*. (Guerreiro Neto, 2012, p. 4)

Dentro do próprio jornalismo, há o que se pode chamar de *microinstituições*. Para Guerreiro Neto (2012), o repórter, a reportagem, entre outros elementos, ajudam a fundar a instituição jornalística. As microinstituições são consideradas como tais somente quando colocadas à frente do jornalismo como instituição macro; vistas por si, são instituições completas como quaisquer outras.

Dessa forma, é possível dizer que o jornalismo é composto de mini-instituições, as quais o constituem como uma instituição social, que tem o intuito de facilitar o desempenho dos papéis sociais, ou, como aparelho ideológico, de fortalecer o *status quo*, para que nada mude e todos reconheçam seu papel na sociedade. Ver o jornalismo como algo estático e estável, como parte desse jogo social, parece distanciá-lo do papel de cão de guarda que ele muitas vezes desempenha.

Chegamos a uma reflexão interessante sobre a **dubiedade do papel do jornalismo** na sociedade. Como instituição, ele vira porta-voz da comunidade e do jogo social, dançando a música das lógicas preestabelecidas. Como quarto poder, pode manter esse jogo do *status quo* ou, mediante pesquisa e divulgação das informações consonantes a todos os cidadãos, colocar-se como fiscalizador oficial das lógicas da sociedade. Falamos, então, de jornalismo como meio (de informação) ou como instituição (de reforço de estruturas). Essa relação é dicotômica, mas essas posições coexistem.

A escolha do papel a ser desempenhado dependerá dos profissionais envolvidos e dos veículos de comunicação. Você já ouviu alguém dizer que é preciso manter distância dos jornalistas? Isso porque boa parte deles cumpre o papel de cão de guarda e, antes de fazer parte das microinstituições, aponta o dedo para aquilo que precisa ser ajustado. Por outro lado, há exemplos de jornalismo como instituição que reforça um *status* social, um estabelecimento ideológico que pode favorecer ou não determinadas instituições. Por exemplo, a repetição *ad infinitum* de que há crise econômica e insatisfação social no Brasil, bem como o foco contínuo nos mesmos valores-notícias, passa à opinião pública a impressão de que tudo está muito ruim no país. É um passo para que revoltas sociais ocorram e desequilibrem o governo, como já aconteceu e continuará acontecendo. Por isso, é importante as pessoas perceberem que a instituição jornalismo pode atuar tanto para a desestabilização quanto para o reforço das outras instituições.

3.4
Jornalismo como profissão

Você já se atentou ao fato de que muitos super-heróis da ficção estão envolvidos no meio jornalístico? Por exemplo: Clark Kent (Super-Homem) trabalha em um jornal chamado *Planeta Diário* e tem um amor escondido pela repórter Louis Lane; Batman envolve-se amorosamente com a repórter Vicki Vale, que acaba descobrindo a identidade secreta dele, mas perde o furo para protegê-lo; e Peter Parker (Homem-Aranha) é um fotógrafo que trabalha para um jornal. Mas por que será que isso acontece? Provavelmente porque, trabalhando nesse meio, conseguem saber dos fatos antes de todos e, assim, "proteger" a população. Além disso, têm o poder de decidir se vão divulgar ou não determinada história. E o que dizer das aventuras jornalísticas mostradas em filmes como *Todos os homens do presidente*[1] e *Rede de intrigas*[2]? Essas produções ajudam a alimentar o imaginário de que o jornalista é um tipo de herói, o que não é verdade. Ser jornalista é desempenhar uma profissão como todas as outras, com prós e contras.

---

1   TODOS os homens do presidente. Direção: Alan J. Pakula. EUA: Warner Bros. Entertainment, 1976. 136 min.
2   REDE de intrigas. Direção: Sidney Lumet. EUA: Metro-Goldwyn-Mayer United Artists, 1976. 121 min.

A carreira de jornalismo no Brasil iniciou seu processo de profissionalização no século passado, mais especificamente a partir do final da década de 30, com a criação das associações e sindicatos, passando pelo surgimento dos cursos de credenciamento, exigência do diploma para o exercício da profissão, divisão por editorias nas redações até as inovações tecnológicas. O Sindicato dos Jornalistas Profissionais do Estado de São Paulo foi criado em 1937. O primeiro curso superior de jornalismo é de 1947. Em 17 de outubro de 1969, em plena ditadura militar, foi aprovado o Decreto-Lei 972, com alterações posteriores (Decreto 65.923 e Decreto 83.284) regulamentando a profissão e consagrando a exigência de curso superior de jornalismo para o exercício da profissão. Em seguida, aumentou a remuneração salarial e foram criadas editorias, acarretando maior especialização do profissional por áreas, acrescido da exigência de um profissional com maior conhecimento de todo o conjunto de uma redação. Houve, também, mudanças tecnológicas, como a introdução dos computadores nas redações, o surgimento do jornalismo *on-line* e da televisão na internet. (Rocha, 2008, p. 1-2)

Como qualquer outro profissional, o jornalista vivencia tanto momentos bons – a exemplo do médico quando salva uma vida, do advogado que ganha uma causa, do pedreiro que termina uma reforma e do produtor na finalização de um filme – quanto ruins, quando não consegue realizar determinada entrevista, erra na divulgação de uma informação e tem de se retratar ou precisa cobrir assuntos realmente complicados. Segundo o pesquisador da Universidade de Campinas (Unicamp) José Roberto Heloani, a frustração no jornalismo pode ser avassaladora:

> A idealização da profissão seria outro problema peculiar da profissão de jornalista. "O jornalismo é uma profissão que tem um certo glamour, que, no imaginário da população, ainda tem algo de heroico. Então, no primeiro choque com a realidade, normalmente já no estágio, o profissional tem um certo desencantamento que depois, quando ele começa a trabalhar, vira frustração. Isso é um problema sério. Essa frustração é resultado de um conflito entre a fantasia e o mundo real do trabalho. Não é à toa que alguns, depois de se formar, poucos meses ou anos, vão para outra profissão".

Para aliviar a tensão, muitos dos que ficam consomem cada vez mais álcool e ansiolíticos, como calmantes. "O aumento do consumo de álcool e drogas foram significativos em relação à última pesquisa, realizada em 2005", diz o pesquisador. "É comum começar com álcool. Quando aumenta a tolerância à bebida, ou seja, o efeito relaxante fica menor, a pessoa começa a beber cada vez mais até um ponto que começa a usar medicamentos para insônia ou algum ansiolítico. Só que, assim como aumenta a tolerância ao álcool, aumenta a tolerância ao ansiolítico. E o profissional também abusa do medicamento. Paralelamente, ele começa a sentir os efeitos colaterais da medicação, como falta de concentração e depressão. Com isso, ele começa a tomar antidepressivo. Resultado: nessa lógica de tomar entorpecentes, muitos trabalhadores começam a partir para psicofármacos, como cocaína, para poder trabalhar. No começo, o uso da droga melhora a memória, raciocínio e o vigor físico para uma rotina de 12 horas de trabalho por dia. Mas, tal como outra medicação, a pessoa começa a criar tolerância e os efeitos 'bons' começam a ser mais fracos. É aí que a pessoa se afunda". (Fonseca et al., 2013)

O repórter *workaholic*, meio obssessivo, que fica na biblioteca pública da cidade até tarde, não existe apenas em filmes e seriados. Essa ausência de qualidade de vida no exercício da profissão é agravada por fatores diversos: enxugamento das redações jornalísticas, centralização dos MCM nas mãos de poucos, busca de lucro a qualquer custo, entre outros.

O trabalho do jornalista é regido por leis trabalhistas e fiscalizado por sindicatos estaduais e pela Federação Nacional dos Jornalistas (Fenaj). O papel desses organismos é defender os direitos e os interesses da categoria frente às empresas de comunicação.

É importante ter em mente que, além das grandes corporações de comunicação, há várias opções criativas de trabalho nesse mercado cada vez mais sedento por informação. Trabalhar como repórter ou pauteiro em veículos de comunicação de massa pode ser uma boa opção, mas não é a única. Afinal, vivemos na sociedade da informação, e o jornalista pode tirar vantagem disso.

Antes de tudo, é necessário entender que, há tempos, o jornalismo precisa se reeditar como profissão, como atividade em si. Mais do que isso, precisa olhar para suas mazelas como grupo, como instituição, e se reinventar. É possível que esse jornalismo romantizado – do repórter louco, fumante e medicado – esteja com os dias contados e venha a dar lugar a um jornalismo que, com os aprendizados de sua própria história, agregados aos novos tempos e às novas tecnologias, como a internet, volte às suas origens, ou melhor, ao relato do fato.

> Se o jornalismo terá um novo suporte para cumprir sua missão no tempo – assim como houve a pedra, a argila, a madeira e o papel –, se será a tela do computador, do relógio de pulso ou do celular, não importa: a liberdade de expressão e de informação continua a ser uma das cláusulas constitucionais em todo o mundo democrático.
>
> Ao jornalista cabe mostrar os vários ângulos da questão e resgatar o papel dos primórdios: a fim de melhor comunicar,

o jornalista deve colocar a notícia na melhor forma – informar. O que ele tem mesmo a fazer é *publicar*, no sentido latino: *deixar à disposição do público*. A escrita ainda predomina, inclusive na rede mundial de computadores. (Jorge, 2008, p. 14, grifo do original)

É certo que, em geral, as condições de trabalho nas redações brasileiras precisam melhorar, bem como as condições da imprensa. A premissa para que isso aconteça é a democratização dos meios, seguida de outros fatores, como: alta qualidade do relato, intimidade com a língua, comportamento empático por parte do jornalista para se colocar no lugar do público antes de tomar decisões, compromisso em confirmar se as informações são verdadeiras e busca pelo equilíbrio na construção da informação.

Mais do que gostar da profissão, é essencial ter vocação. Ou o jornalista quer ser ponte, excelente em comunicação, e tem uma vontade imensa de fazer as pessoas evoluírem por meio do fornecimento de informação, ou será somente mais um profissional, talvez infeliz. O jornalismo como profissão está adoecendo seus trabalhadores e enfrentando uma crise institucional e de mercado sem precedentes; por isso, a imprensa precisa mudar. Historicamente, sabe-se que é nas crises que novas oportunidades aparecem. Em contrapartida, a vocação para o jornalismo nunca esteve em crise, porque quem foi feito para comunicar vai fazê-lo de um jeito ou de outro.

3.5
Jornalismo como ciência

A inércia da humanidade é engraçada. Tudo o que se propõe de novo, de reflexão, de possível, de "e se", acaba esbarrando na busca desenfreada por respostas e por aquilo que é tido como correto e estabilizado como verdade. A humanidade precisa de respostas e de certezas. Mas e se as coisas não forem assim? Tudo virará de cabeça para baixo.

Foi o que aconteceu com Galileu quando apontou que a Terra era redonda. Ele estava certo, mas foi perseguido e desacreditado até que outros cientistas comprovaram que a Terra tinha esse formato. E aí a vontade de pedir desculpas a Galileu já tinha sido engolida pela arrogância. O pior é que as pessoas continuam agindo dessa forma. Sempre que alguém tem uma proposição nova que quebra as já existentes, surge uma resistência, o que acaba atrasando a aplicação dessa ideia.

O conceito que percebe o jornalismo como ciência está em uma fase que caminha da negação para o questionamento. Ela teve início nos anos 1940, quando Robert Park propôs que o jornalismo fosse usado como forma de conhecimento do mundo (Melo 2007) – na época, somente o jornal de papel era considerado um veículo. Tempos depois, nos anos 1980, Genro Filho, visualizando os cursos de Jornalismo e a distância entre teoria e prática por eles apontada, mostrou a necessidade de algumas reflexões. Esse trabalho de puxar a área para a reflexão foi herdado por Eduardo Meditsch, que, com outros estudiosos, empreendeu uma volta aos tempos em que o jornalismo não tinha uma cisão entre teoria e prática. É importante resgatar um pouco dessa história para a compreensão das mudanças que existem nos dias atuais.

> Meditsch [...] admite que no momento em que estudou o conhecimento do Jornalismo proposto por Adelmo Genro Filho tinha uma "visão ingênua" da amplitude do campo de estudo do Jornalismo. Mais tarde descobre um estudo de Robert Park, em 1940, já propondo e tratando o Jornalismo como forma de conhecimento. Cita também Luiz Beltrão – que possui suas obras publicadas somente nos últimos anos – que no seu projeto do curso de Jornalismo para a Universidade Católica de Pernambuco já tinha criado a disciplina de Teoria do Jornalismo. [...] percorrendo os acontecimentos políticos mundiais, pode-se traçar as mudanças que fizeram com que o Jornalismo fosse colocado em outro plano e que se colocasse dentro da grande área da comunicação. Uma das principais críticas que Meditsch faz é que qualquer coisa pode ser colocada dentro do grande guarda-chuva da comunicação e essa maneira de se apresentar os estudos da área foi intencional e nasceu de objetivos políticos.

O início desse "desvio" se deu na Segunda Guerra Mundial quando Goebbels foi escolhido como Ministro da Propaganda da Campanha de Hitler. O estrategista utilizou diversas ferramentas de comunicação para promover a alta moral do povo e para influenciar formadores de opinião a favor do nazismo.

[...]

Os Estados Unidos entraram na guerra e sua preocupação em relação à utilização de estratégias de comunicação por parte do III Reich motivou a reunião de um grupo de estudiosos na Biblioteca Nacional Americana a fim de aprofundar o conhecimento sobre as técnicas comunicativas que estavam sendo utilizadas pelos nazistas. O intuito era, além de entender as estratégias, poder utilizá-las também para fins bélicos. O líder da equipe, Wilbur Schramm, formado em Letras, acaba influenciando de forma definitiva a visão sobre Jornalismo e comunicação. Meditsch explica que "a visão do Schramm para o terceiro mundo, e que o Ciespal importa, era que o terceiro mundo não precisava ter Jornalismo. Não precisava do Jornalismo como existia na Alemanha ou no primeiro mundo". O Jornalismo passou a ser visto como algo ruim, perigoso, por ter sido utilizado para os fins nazistas e os americanos acabaram por "inaugurar" uma maneira diferente de trabalhar a comunicação. Maneira essa que acabou influenciando tanto as universidades quanto o campo do Jornalismo até os dias atuais. (Bona, 2006, p. 11)

Sabemos como a história continua, mas, em resumo, a partir da Guerra Fria, foram criados centros de formação de professores de Jornalismo em várias regiões do "terceiro mundo". A América Latina recebeu o Centro Internacional de Estudos Superiores de Jornalismo (Ciespal), instalado na Universidade Central de Quito, no Equador, em 1959. Essa instituição influenciou todas as construções curriculares dos cursos de Jornalismo na América Latina, substituindo o ensino clássico-humanista, classificado pelo Ciespal como não científico, pelo ensino funcionalista norte-americano (Meditsch, 1992).

Essa mudança acabou por apoiar as ditaduras que se constituíam na região. Determinava-se, então, a necessidade de se formar o comunicador polivalente, que tinha a missão instrumental de promover a comunicação entre os grupos. Todo esse aparato trouxe apoio financeiro, o que estimulou os pesquisadores a trabalharem em prol dessa linha de atuação, afinal, estava-se fazendo (com financiamento) ciência.

Houve protestos de pessoas da área, mas boa parte dos estudiosos e das gerações que foram se formando entrou nesse esquema de que o jornalismo era um pedaço específico das habilitações da grande área da comunicação. Essa visão foi tão bem sedimentada que, há poucos anos, quando uma comissão de estudos na área se juntou ao Ministério da Educação brasileiro para propor um novo currículo – que excetuava o jornalismo da grande área da comunicação, tornando-o uno, singular, uma área do conhecimento –, a reação também foi enorme. É a tal da inércia. Não estamos afirmando que a mudança é boa ou ruim, mas, se estudarmos a história, veremos que há um movimento de retorno e, atualmente, as discussões sobre se o jornalismo é ciência ou não estão no auge.

A área da comunicação é muito nova se comparada a outras ciências, como a sociologia, a antropologia e a filosofia.

> O grande problema epistemológico do campo da comunicação, segundo Meditsch, e que atrasa em certa medida a evolução da produção de conhecimento na área, é que até bem pouco tempo atrás – e há ainda sinais desse comportamento nos dias de hoje – não havia a sistematização crítica dos estudos já realizados na área. Não se acumulam os resultados. Toda ciência se constrói a partir de um acúmulo de experiência porque revisa e critica o que fez no passado e constrói a partir daquilo. "A gente está sempre inventando a roda. Daí passa uma onda, uma certa moda teórica, e a gente se desfaz de tudo que tem lá e embarca nessa onda", diz Meditsch. Assim,

a denúncia nasce da negligência com aquilo que se constrói no passado. Esse conhecimento é deixado de lado e se começa do zero sempre que uma nova moda teórica é instaurada. (Bona, 2006, p. 10)

> Pude ser testemunha da reflexão de um grupo de professores sobre o novo currículo de um dos cursos de Jornalismo em que trabalhei, a partir de 2014, e posso dizer que a inércia é muito forte. Na verdade, as leis de diretrizes curriculares preparadas por essa comissão estavam somente resgatando o que foi perdido nos idos de 1950 na América Latina. É um retorno às origens do que deveria ser o jornalismo sempre, ou seja, uma forma de conhecimento, uma ciência que não é como as outras, mas que tem um objeto muito próprio de investigação: as notícias. Para Meditsch (1992, p. 20), "se o Jornalismo é uma forma de conhecimento temos que revisar radicalmente a pedagogia das nossas escolas, que até agora só o viam como forma de comunicação. Não basta formar comunicadores, é necessário formar produtores de conhecimento". Pois bem, isso foi feito; vinte anos depois, mas foi. Logo, as mudanças chegam e as reflexões continuam, mesmo que demorem. Isso é ciência.

Albuquerque (2012), que toma como base as pesquisas de Robert Park e não se debruça sobre outros estudos que tratam o jornalismo como conhecimento, afirma que jornalismo não é ciência.

> O papel do jornalismo é fornecer ao público um conhecimento provisório, que esteja acima do senso comum e seja capaz de interpretar os fatos que relata. Jornalismo não é ciência, e é bom que não o seja. O jornalista não pode ficar preso a métodos científicos e outros limites da academia. Assim ele perde agilidade para captar o cotidiano fugidio e mutável a cada segundo. Precisa estar aberto aos acontecimentos que vão acontecendo no cotidiano, para relatá-los com rapidez ao público, enquanto encaminha a matéria que apresenta aos especialistas, que são homens de ciência e que podem fornecer ao leitor explicações de maior profundidade nos temas abordados nas notícias. (Albuquerque, 2012)

Esse autor entende, ainda, o jornalismo dentro do pensamento funcionalista, apenas como uma atividade de repasse de informações.

> Jornalismo não tem objeto nem metodologia e, principalmente, produção de conhecimento acadêmico científico acumulado que justifique esta prática como ciência. O estudo do

jornalismo, por outro lado, pode vir a transformar-se numa ciência, se a tendência a pensar a prática profissional se afirma entre os profissionais da imprensa e outros pesquisadores e professores universitários de áreas convergentes. Jornalismo pode não ser ciência, mas seu estudo é. Ou não? (Albuquerque, 2012)

Para pensar no jornalismo como ciência – possivelmente essa área ainda não tenha conhecimento acumulado suficiente para ser tratada como tal –, é preciso estar mais aberto a questionamentos que a certezas, estar apto a entender o novo e saber a que veio. Esse é o papel de um bom jornalista e de um bom cientista. Afinal, as perguntas e as incertezas movem o mundo.

Síntese

Neste capítulo, analisamos os conceitos que permeiam o jornalismo nos seguintes âmbitos: como conhecimento, como instituição, como profissão e como ciência. Ressaltamos que a objetividade será sempre uma meta na atividade jornalística, mas nunca será plenamente cumprida. Essa certeza faz com que o profissional exercite o jornalismo com criticidade e queira sempre ir mais a fundo na apuração e no relato dos fatos.

Destacamos que, muitas vezes, o jornalismo é tratado como a mídia, uma personificação de todos os meios de comunicação e seus produtos. Em outras situações, é considerado uma instituição social e até mesmo um aparelho ideológico, como diz Althusser (2007). Nessa condição, há duas possibilidades: o reforço das lógicas sociais ou o enfrentamento e a crítica à realidade.

Além disso, apresentamos os caminhos que o jornalista pode seguir e desfizemos a romantização construída pelos filmes sobre a prática jornalística. Explicamos que o jornalismo pode ser visto como uma forma de conhecimento social, assim como a ciência, a história e a arte.

Por fim, salientamos que o jornalismo é tratado como ciência por diversos pesquisadores, que o entendem como uma área de conhecimento específica, desvinculada do guarda-chuva da comunicação; porém, outros estudiosos consideram que ainda é cedo para encará-lo dessa forma.

Questões para revisão

1. Sobre o jornalismo como forma de conhecimento, aponte exemplos do dia a dia que reforçam esse conceito.

2. Durante muito tempo, a objetividade jornalística foi o único ideal de produção das notícias; porém, essa é uma falsa imagem do que realmente acontece. Aponte elementos que, em sua opinião, tornam o texto subjetivo e explique como é possível melhorar essa construção noticiosa, caminhando em direção a uma objetividade honesta e real.

3. O jornalismo romantizado em filmes e quadrinhos, em que o jornalista é quase sempre um herói, não é um retrato fiel da profissão. Analise as afirmativas a seguir.

I) Nos dias atuais, o mercado jornalístico está sofrendo um enxugamento, principalmente em razão das rotinas exibidas em filmes. Elas estão sendo substituídas por procedimentos mais instantâneos, havendo, portanto, menos tempo para a apuração das informações.

II) Os filmes, em geral, mostram o procedimento ideal de apuração do fato. Esse processo tem relação com o jornalismo investigativo, que leva mais tempo para ser desenvolvido, em virtude da profundidade das matérias e do cuidadoso trabalho de apuração e pesquisa.

III) As atuais condições de trabalho favorecem o adoecimento dos profissionais, que não dispõem de tempo adequado para checar as informações (tanto as que coletam quanto as que chegam à redação como sugestões de pauta) e para produzir as notícias.

IV) Os personagens da ficção entendem o jornalismo como um sacerdócio, o que torna muitos desses filmes um retrato da situação vivida por muitos profissionais da área na atualidade.

V) As novas mídias e a internet impedem que o jornalista saia da redação para cobrir os fatos ao vivo. Atualmente, tudo é feito por meio de câmeras e videoconferências, o que torna filmes como *Super-Homem* e *Homem-Aranha* obsoletos.

Assinale a alternativa correta:

a) São verdadeiras apenas as afirmações III e IV.
b) São verdadeiras apenas as afirmações I, II e III.
c) São falsas apenas as afirmações II e IV.
d) Todas as afirmações são verdadeiras.
e) Todas as afirmações são falsas.

4. Assinale a alternativa que explica por que o jornalismo (e a mídia) pode ser considerado uma instituição de reforço da ideologia dominante:

a) O processo de checagem da informação sempre passa pela aprovação de superiores.
b) A maneira como as notícias são construídas e como os fatos são escolhidos pode influenciar a opinião pública sobre determinado assunto.
c) A mídia precisa vender cada vez mais e, por essa razão, o jornalismo sempre produz manchetes sensacionalistas.
d) O jornalismo não é mais uma instituição em que as pessoas acreditam, por isso não reforça a ideologia dominante.
e) Os procedimentos de entrevista impedem que o jornalismo seja mais crítico, principalmente quando as fontes são socialmente poderosas.

5. Os principais questionamentos referentes ao jornalismo ser ou não uma ciência apontam para o formato das pesquisas científicas na área da comunicação e, mais recentemente, no jornalismo. Para os autores estudados neste capítulo, que comportamento dificulta o estabelecimento da área como ciência?

a) A produção de notícias sem o comprometimento com a veracidade delas.

b) Em geral, os cientistas não se comunicam bem e, por isso, não se relacionam com a área da comunicação.

c) A comunicação é interdisciplinar como campo do saber, logo reúne diversas outras ciências e, por isso, não é considerada uma delas.

d) Nas construções epistemológicas da comunicação, não há uma acumulação das teorias propostas, pois elas são descartadas cada vez que uma nova é encaminhada para reflexão.

e) A comunicação é um processo que está sempre em movimento, assim como o jornalismo. Por isso, não pode ser ciência, visto que esta traz respostas prontas para tudo.

Capítulo
04

Jornalismo na rua

Conteúdos do capítulo:

- Jornalismo, autonomia e liberdade.
- Subjetividade no jornalismo.
- Reportagem.
- Grandes nomes da reportagem nacional e internacional.

Após o estudo deste capítulo, você será capaz de:

1. relacionar o jornalismo a fatores como autonomia e liberdade;
2. compreender a subjetividade como fator inerente ao jornalista;
3. dissertar sobre a essência da reportagem;
4. identificar grandes nomes do jornalismo nos âmbitos nacional e internacional.

Neste capítulo, discutiremos sobre a autonomia e a liberdade do jornalista. Refletiremos sobre a subjetividade no jornalismo e também sobre a reportagem, que traz *glamour* a essa atividade. Analisaremos ainda alguns profissionais que se destacaram pela produção de reportagens de alta qualidade.

4.1
Jornalismo, autonomia e liberdade

Tente se lembrar dos filmes sobre jornalismo a que você já assistiu. Em algum deles, os jornalistas tinham liberdade para fazer as pautas que quisessem, para desenvolver os assuntos que estivessem pesquisando e, sobretudo, para trabalhar abordagens próprias? E, em algum, os repórteres são malcompreendidos pelos editores e pelos chefes de redação e levam um monte de bronca deles, mas, no final, todos percebem que aqueles estavam certos? Pois então, a realidade está "um pouco" distante disso. Essas situações representam uma parte bem pequena do que pode ser encontrado na prática do jornalismo. Em boa parte das redações brasileiras, os jornalistas deparam-se com fatos repetitivos, coberturas chatas para fazer, prazos curtos, cobranças do chefe, hierarquia e lógicas a seguir. Essas lógicas são semelhantes àquelas em que vivemos, ou seja, às sociais, regidas, sobretudo, por fatores como dinheiro. Qualquer veículo de comunicação – até mesmo os portais da internet – precisa de dinheiro para pagar a equipe; os equipamentos; o aluguel; as contas de luz, água e telefone etc.

De modo geral, as pessoas têm de pagar suas contas e, por isso, precisam de um emprego que lhes garanta um salário. É provável que elas não tenham autonomia ou liberdade, pois devem seguir as regras do lugar onde trabalham, sob pena de perderem o emprego. As regras costumam ser bem claras: se determinado trabalho interferir negativamente nos ganhos da empresa, o sujeito terá problemas. E com o jornalista não é diferente.

Com foco no jornal impresso, veículo em que trabalhou por muito tempo, Noblat (2012, p. 26) assume o seguinte posicionamento:

> Jornal é um negócio como qualquer outro. Se não der lucro, morre. Por isso deve estar sempre atento às necessidades

dos leitores. Mas jornal também é um negócio diferente de qualquer outro. Existe para servir antes de tudo ao conjunto de valores mais ou menos consensuais que orientam o aperfeiçoamento de uma determinada sociedade. Valores como a liberdade, a igualdade social e o respeito aos direitos fundamentais do ser humano.

Para cumprir o papel que lhe cabe, o jornal não pode abdicar de tais valores – mesmo que isso implique colidir com as chamadas leis do mercado. Que podem ser resumidas numa só: oferecer ao leitor apenas o que ele quer. Ou pensa que quer.

Em contrapartida a esse trecho, por que considerar que tudo se resume a dinheiro? Gostaríamos de acreditar que os veículos de comunicação, incluindo o jornal impresso, entendem sua função na sociedade como instituição, como grupo de ponta na formação da opinião pública e no auxílio à tomada de decisões. Muitos veículos reúnem profissionais idealistas, que confiam na profissão para mudar o mundo. Entretanto, na maioria dos casos, a realidade é a seguinte: se o jornal não está vendendo ou se não há anunciantes, não há dinheiro para manter uma equipe de jornalistas e, consequentemente, para produzir as matérias.

> Lembro-me de quando estava estudando Jornalismo e tinha duas grandes amigas que faziam todos os trabalhos da faculdade comigo. Uma delas conseguiu um estágio em um renomado jornal da cidade. Vibramos com ela. Eu estava na área empresarial e nossa outra amiga trabalhava na faculdade. Ela era a primeira a trazer as experiências da prática, o real mundo em que queríamos tanto entrar. Sempre que ela chegava à aula lhe perguntávamos sobre o dia anterior.
>
> Certo dia, percebemos que estava bem triste. O motivo? Pela primeira vez, tinha ido coletar informações para uma matéria sozinha, porque não havia jornalista disponível. Ela estava entrevistando o presidente do sindicato patronal X e, quando encerrou a entrevista, disse que falaria com o presidente do outro sindicato, para, aí sim, fazer a matéria. Ele não a deixou terminar de falar, afirmando que tinha combinado com o dono do jornal que a matéria deveria apresentar somente a versão do sindicato patronal e mencionar que o outro sindicato não respondeu às perguntas.

A situação que acabamos de relatar é bastante comum, tanto que, na área jornalística, existem jargões que a explicam: REC (matéria "recomendada") ou NQM (matéria que tem de ser feita "nem que morra"). Apesar de ser uma prática cotidiana, muitas pessoas, até mesmo da academia, fingem que ela não acontece. É importante ainda dizermos que o jornal que mencionamos na história não mais existe – talvez essa seja a consequência –, mas também diversos jornalistas não têm mais trabalho.

Nosso objetivo é mostrar a realidade da profissão, colocando o "dedo na ferida", e não criar ilusões. Para sobreviver nesse cenário, é importante o jornalista trabalhar nas brechas. Todo sistema e toda forma de trabalho apresentam brechas, e com o jornalismo não é diferente. No estudo pioneiro do qual já falamos sobre uma teoria do jornalismo, Genro Filho (citado por Meditsch, 1992) afirma que um jornalista competente, que soubesse trabalhar o texto como ninguém e tivesse noção de todas essas variáveis, seria capaz de trabalhar em um jornal conservador e produzir textos mais liberais sem ser percebido. Isso porque a abordagem e a construção da matéria se destacariam, ficando o conteúdo em segundo plano: "Adelmo tem a esperança de que se torne possível, entendendo teoricamente o que é Jornalismo, trabalhar na redação de um jornal conservador, e em muitas ocasiões, passar notícias que contrariem os interesses dominantes, por possuir um outro enfoque" (Meditsch, 1992, p. 33).

O jornalista não pode se desanimar e deve buscar ser o melhor naquilo que faz. O fato de receber informações antes de todo mundo e de ter acesso facilitado às pessoas públicas não pode subir à sua cabeça. Esse profissional apresenta diferentes responsabilidades e também limites; muitos deles são estabelecidos pelo código de ética, mas o bom senso ainda é o maior conselheiro.

> O *Correio Braziliense* deixou de publicar algumas reportagens que teriam produzido grande impacto entre os leitores desde que adotou seu código de ética.

Quer dizer que o código impede em determinadas circunstâncias que se publiquem reportagens capazes de repercutir intensamente? E de vender jornal? A resposta é sim. E a razão, muito simples: em alguns casos, o repórter só obtém informações se deixar de lado o comportamento ético ditado por códigos profissionais ou pela própria consciência. A ética deve prevalecer até mesmo sobre a obrigação que tem o jornal de revelar o que possa interessar ao leitor.

Um dos artigos do código do *Correio*, por exemplo, proíbe ao jornalista publicar informações obtidas por meios considerados fraudulentos. Um deles é ter acesso a informações fazendo-se passar por outra pessoa. Ou negando ser jornalista. É prática corriqueira na imprensa brasileira. E em grande parte da imprensa mundial.

Com o pretexto de que o interesse do público está acima de tudo e de que a imprensa existe para informá-lo, jornalistas roubam documentos, se apresentam sob falsa identidade e gravam conversas às escondidas. Jornalistas que agem assim se consideram acima da lei.

Em agosto de 1998, a repórter de uma revista de circulação nacional testemunhou a confissão de vários crimes feita por um suspeito diante dos advogados dele. Confissão protegida, pois, pelo sigilo que resguarda as informações dadas por uma pessoa a seus advogados. O suspeito não sabia que entre os advogados havia uma jornalista. Enquanto não esteve ciente da presença dela ele negou à polícia a autoria dos crimes. Pressionado depois pelos policiais e informado de que a confissão ouvida pelos advogados se tornaria pública dentro de algumas horas, o suspeito finalmente confirmou os crimes.

Num caso como esse, justifica-se o procedimento usado pela jornalista? Foi legítimo? Foi ético? Valeu a pena o ardil? Qualquer ardil vale a pena? (Noblat, 2012, p. 27)

Jornalista não é justiceiro – essa, por sinal, é uma prática bastante arriscada. Quem não se lembra do caso Tim Lopes? O jornalista realizava uma reportagem sobre abuso sexual de menores e tráfico de drogas quando foi sequestrado, torturado e assassinado por traficantes na Vila Cruzeiro, no Rio de Janeiro.

Há algumas verdades que os envolvidos nos fatos não querem que sejam publicadas. Assim, há um risco natural embutido na cobertura corriqueira de acontecimentos, visto que cada fonte gostaria de ter a sua versão divulgada. É comum os jornalistas receberem propostas indecentes de algumas fontes querendo aprovar o texto antes de sua publicação. Mesmo seguindo todos os códigos de ética, o trabalho é, de certa forma, perigoso, porque o jornalista sempre vai desagradar alguém.

Em geral, a sociedade "odeia" os jornalistas, pois seu papel principal é mostrar o lado ruim da realidade, que todo mundo quer esconder. No entanto, como já mencionamos, há limites para essa prática, ou seja, é necessário seguir protocolos para a coleta e a entrega das informações. Mesmo assim, há profissionais que capitalizam em cima das desgraças e, para ganhar dinheiro ou audiência, ultrapassam as barreiras do aceitável e acabam invadindo a privacidade de muitas famílias – por exemplo, expõem o corpo da vítima, em fotos ou vídeos, porque isso atrai o público. Há também aqueles que, em um momento de comoção, forçam o entrevistado a chorar para a câmera captar um *close*.

> Para os jornalistas e para muitas vozes na sociedade, o polo negativo do campo jornalístico é o polo econômico, que associa o jornalismo ao cheiro do dinheiro e a práticas como o sensacionalismo, em que o principal intuito é vender o jornal/telejornal como um produto que agarra os leitores/os ouvintes à audiência esquecendo os valores associados à ideologia profissional. (Traquina, 2005, p. 27-28)

A dica é bem simples: **empatia**, ou seja, colocar-se no lugar do outro para entender seus sentimentos. Pense na seguinte situação: você vai ao terapeuta para tentar resolver questões bem específicas, porém, na verdade, ele é um jornalista com câmera escondida e, no dia seguinte, seu problema particular vai parar no jornal. Como você reagiria?

Por outro lado, muitas denúncias de corrupção foram investigadas com base em provas coletadas por jornalistas que se infiltraram como negociadores e foram úteis para que a justiça fosse feita. Por exemplo: uma reportagem televisiva resultou na denúncia de médicos do Sistema Único de Saúde (SUS) que batiam o ponto e iam embora sem atender à população[1]. Após a checagem dos dados, mais vale o jornalista confrontar os envolvidos, perguntando-lhes por que não cumpriram com suas obrigações, do que ficar se escondendo em artimanhas ou personagens.

Por fim, convém falarmos dos profissionais que se apossam do trabalho de colegas para alimentar suas próprias mídias sociais ou seus *blogs*, sem apontar a autoria dos materiais – essa prática é denominada *plágio*. Em tempos de copiar e colar, muitas produções vão parar em dezenas de *sites* sem se atribuir o crédito adequado a quem gastou muito tempo organizando e

---

1   Confira, no *link* a seguir, uma reportagem sobre o assunto em questão: <https://www.youtube.com/watch?v=K1zPWTwbY60>.

checando as informações. A liberdade do jornalista de fazer e acontecer tem alguns limites, e a **ética** é um deles.

4.2
Subjetividade no jornalismo

Como qualquer ser humano, o jornalista tem experiências anteriores, bagagem cultural e conhecimentos prévios, bem como preconceitos, crenças e tendências. Vale a pena repetirmos que não há objetividade total nem imparcialidade plena no jornalismo. Na melhor das hipóteses, há um grande esforço de se produzir um relato equilibrado, ainda que seguindo estritamente as regras jornalísticas: maior número de fontes e versões; cuidado com a linguagem e os vocábulos utilizados; atenção ao ordenamento da informação; e, principalmente, eterna vigilância do que se é – do que o indivíduo é feito e em que acredita – e das pressões sofridas pelos aparatos externos (empresa, sociedade, chefe etc.) acerca do que querem que o jornalista produza.

Conforme explicamos, não há como escapar da subjetividade no jornalismo; portanto, a objetividade ideal seria a relação entre as intersubjetividades, isto é, o equilíbrio em meio às subjetividades que rodeiam a produção jornalística. A primeira premissa é o **autoconhecimento**: quando o jornalista sabe no que acredita, o que baliza seus valores e quais são suas ideologias e suas bagagens culturais – tudo o que o forma como indivíduo –, é mais fácil visualizar-se no texto, ou seja, perceber se determinada informação deveria ou não estar ali. Por meio dessa técnica, importante até mesmo para as relações interpessoais, o profissional pode ser mais honesto em seus posicionamentos. O viés da matéria sempre é uma escolha, por isso a importância de ser consciente e autoquestionar-se nessa construção.

A segunda premissa é o jornalista **conhecer o que está ao seu redor**, ou seja, ler muito e entender os meandros da sociedade e da empresa para a qual trabalha. Todas têm tendências, mas muitas não as assumem. Embora diga que é imparcial, que mostra uma verdade equilibrada, há um posicionamento assumido pela maioria dos veículos da imprensa nacional.

A imprensa americana também é cheia de defeitos, mas mais pulverizada e assumida com relação às tendências que a brasileira. Hersey (2014) explica muito bem essa consciência do que **eu** penso e sou e do que o **outro** pensa e é, mesmo o outro sendo uma instituição ou uma empresa jornalística.

Entre 1944 e 1945 Hersey foi correspondente em Moscou. De lá, declinou um convite para voltar a Nova York, para ser um dos editores da *Time*. No telegrama que enviou a Luce, Hersey fazia uma declaração de princípios que inviabilizaria o futuro dele como um dos homens fortes do império Time Inc.:

"Nunca serei um fascista ou um comunista, mas no ano passado eu era politicamente um democrata – e certamente sou após esta experiência [como correspondente em Moscou] ter confirmado – um democrata com e sem D maiúsculo. Conhecendo e admirando a sinceridade da sua crença como republicano, temo que a minha obstinada convicção não ajude a mim ou à *Time*, caso eu me torne um editor". (Hersey, 2014, p. 174)

Apesar de a subjetividade ser uma constante no jornalismo, os profissionais da área devem sempre buscar o equilíbrio, para essa atividade não se tornar um festival de opiniões. Todo fato e toda fala devem ser interpretados, incluindo o que acontece no momento da coleta de informações e na posterior organização para o relato. Moram nesse processo as decisões que o jornalista toma diariamente.

Além de saber lidar com sua bagagem, sua ideologia e sua identidade, o jornalista precisa entender seu papel na empresa para a qual trabalha, estando ciente de que todo grupo profissional, toda tribo, tem modos específicos de posicionar-se em seus fazeres. Por exemplo: em uma coletiva, um repórter de TV usa "quilos" de jargões da área para conversar com seus colegas, como sonora, exclusiva, entrada ao vivo e *link*. Eles se entendem porque são da mesma comunidade. Isso é o *habitus* do jornalismo (Bourdieu; Chamboredon; Passeron, 1993), um fazer que molda a pessoa ao mesmo tempo que a pessoa molda esse fazer.

Para Bourdieu (1997), em geral, os jornalistas usam um tipo de óculos que lhes permite ver a realidade e perceber os fatos de maneiras particulares, muitas vezes pautadas pelos valores-notícia, amplamente partilhados por toda a comunidade.

Traquina (2008) denominou essa comunidade ou tribo de *interpretativa*. Os jornalistas, forjados pela faculdade ou até mesmo pelo mercado, adotam um *modus operandi* cujo foco principal é a interpretação da realidade, ou seja, a leitura dela de um jeito próprio. É por isso que muitos acabam navegando entre a interpretação da realidade e recursos mais palatáveis para construir suas reportagens.

Entre os gêneros jornalísticos, a reportagem – e talvez o perfil – é o que possibilita mais interpretações, leituras de vieses do fato, isto é, um pouco mais de subjetividade para contar a história, ainda que o pé deva estar sempre na realidade. Mesmo que alguns jornalistas se aventurem pelo mundo da ficção, é possível perceber essa troca com o real. Podemos dizer que, até quando eles só querem fazer arte, sem falar da realidade, carregam um pouco dessa subjetividade. Um exemplo disso é o trabalho de Charles Dickens, que criou muitos de seus personagens com base em colegas e amigos de infância e da idade adulta. Ele escreveu ainda, durante muito tempo, sobre débitos financeiros, motivado pela prisão de seu pai.

Enfim, essa história de que o jornalista consegue separar o profissional do pessoal, ou seja, suas crenças particulares do fato em si e do texto jornalístico, é muito relativa. De qualquer modo, a ética cobra do jornalista a busca por equilíbrio e a honestidade na colocação das informações; entretanto, ter consciência da subjetividade que existe nas produções – propositalmente, como nas reportagens, ou planando sobre o texto noticioso – é meio caminho andado.

4.3
Reportagem

Nesta seção, abordaremos a reportagem, o gênero jornalístico mais trabalhoso, mas que costuma trazer grandes recompensas aos profissionais da área.

> Eu me vesti e fui para a sala da Mãe Coelhinha. Sheralle estava à mesa. Com longos cabelos presos atrás, parecia 18 anos. Deu-me uma longa ficha cor-de-rosa com o título "Candidata à Coelhinha" e uma pasta de plástico marrom com uma garota nua em miniatura e THE PLAYBOY CLUB impresso em laranja.
>
> — É a sua Bíblia da Coelhinha — disse, séria — e quero que a estude o fim de semana todo.
>
> O formulário de candidatura tinha quatro páginas. Eu já dera a maioria das respostas sobre minha biografia, mas algumas perguntas eram novas. Estava eu saindo com algum portador

de chave do Playboy Club, e como se chamava? Não. Planejava sair com algum? Não. Tinha ficha na polícia? Não. Deixei em branco o espaço para o número do seguro social.

Subi um andar para o escritório central, entreguei o formulário à srta. Shay. A sala com piso de cimento era coberta de mesas, mas, como chefe de pessoal, a srta. Shay tinha direito a uma posição no canto. Ela passou os olhos no formulário e começou a me fotografar com a Polaroid. (Steinem, citada por Lewis, 2008, p. 234)

A jornalista norte-americana Gloria Steinem infiltrou-se no Clube da Playboy fingindo que queria se candidatar a coelhinha. Em 1963, o texto que ela escreveu sobre o processo de recrutamento e seleção das coelhinhas deu um rebuliço e serviu como denúncia para que o clube parasse de pedir exame ginecológico às candidatas. Vale destacarmos que, assim como nos Estados Unidos, não é de praxe as mulheres brasileiras serem submetidas a esse tipo de exame diante de uma contratação profissional. Além disso, naquele país, em uma entrevista de emprego, é ilegal abordar questões privadas, como estado civil, ou levar em conta a aparência física, o que é considerado uma forma de preconceito.

Você deve ter notado que o relato está em primeira pessoa, que os acontecimentos são apresentados em ordem cronológica e que expressa alguns juízos de valor. Parece uma história contada por uma vizinha ou, ainda, literatura, não é mesmo? Mas Gloria produziu uma reportagem.

Na esteira desse tema, Pena (2005, p. 75-76) apresenta a visão de diversos autores sobre o conceito de *reportagem*:

> afinal qual é a definição de reportagem? Para o professor João de Deus Corrêa "reportagem é um relato jornalístico temático focal envolvente e de interesse atual que aprofunda a investigação sobre fatos e seus agentes". Já para o professor Nilson Lage "é a exposição que combina interesse do assunto com o maior número possível de dados formando um todo compreensível e abrangente". No clássico *Ideologia e técnica da notícia* apresenta as dificuldades de propor uma definição, mas informa que esta "compreende desde a simples complementação de uma notícia – uma expansão que situa o fato em suas relações mais óbvias com outros fatos antecedentes conseqüentes ou correlatos – até o ensaio capaz de revelar, a partir da prática histórica, conteúdos de interesse permanente". O teórico português Nelson Traquina cita Jean Chalaby cujo inventário sobre a função de reportar no jornalismo encontra sua primeira definição teórica em 1836 classificando o repórter como "uma espécie de empregado que vê como seu dever tomar notas do desenvolvimento dos eventos e que tem o estranho hábito de considerar os fatos como fatos". A definição de reportagem quase sempre é construída em comparação

com a notícia. Para o jornalista Ricardo Noblat, autor do livro *A arte de fazer um jornal diário*, "notícia é o relato mais curto de um fato. Reportagem é o relato mais circunstanciado". Nilson Lage, em outro de seus livros, *Estrutura da notícia,* diz que a distância entre a reportagem e a notícia estabelece-se na prática a partir da pauta, isto é, do projeto de texto. "Para as notícias as pautas são apenas indicações de fatos programados. [...] reportagens pressupõem outro nível de planejamento".

Perguntas & respostas

Levando tudo isso em conta, como fica a busca pela objetividade na reportagem?

A objetividade – ir direto ao ponto e relatar o estritamente necessário – deve estar presente no texto noticioso. Porém, a reportagem é um gênero jornalístico marcado por ser mais aprofundado, trazer mais detalhes e explicar o fato de modo mais interpretativo. Por pressupor a análise e a interpretação do fato, carrega mais subjetividade e o público pode vislumbrar uma dose de opinião ou tendência. Em outras palavras, a reportagem é a notícia mais aprofundada, que traz o requinte de interpretação e um maior número de abordagens.

A respeito da razão da existência da reportagem, Erbolato (2008, p. 30) afirma que,

> Na luta com o jornalismo falado, os jornais impressos tiveram que preparar a sua estratégia. As notícias que eram superficiais, limitando-se a narrar os acontecimentos, sofreram alterações em suas estruturas. [...] Hoje novos esquemas são adotados. O recurso foi de dar ao leitor reportagens que são complemento do que foi ouvido no rádio e na televisão. Adotou-se para isso a pesquisa, tendo como fonte o arquivo dos jornais e as bibliotecas, e ao lado deles, a obtida através da movimentação da equipe de repórteres que coligam dados secundários ou que ocorreram concomitantemente com o fato principal. Dessa forma surgiu o jornalismo interpretativo, também conhecido como em profundidade, explicativo ou jornalismo motivacional.

É importante comentarmos que o jornalista deixa de ser invisível, já que o esforço pela investigação o faz aparecer mais no texto. Esse profissional realiza, inclusive, reportagens especializadas sobre determinados assuntos; já houve muita discussão sobre o motivo por que elas não eram feitas por especialistas, como biólogos, criminologistas, técnicos em mecânica e terapeutas.

A primeira razão, segundo Lage (2005), é a possibilidade de o repórter observar o evento com os olhos do público para o qual vai escrever, e não com olhos especializados; nessa situação, a comunicação acontece com maior eficácia. Outra explicação se refere ao conjunto de regulamentos concernentes à ética profissional – por exemplo, se um médico criticasse as ações de um colega de profissão, estaria desrespeitando o Código de Ética Médica. Por fim, Lage (2005) entende que propor a um profissional – um químico, por exemplo – que passe a vida analisando casos para comunicá-los ao público leigo é um desperdício de anos de estudo.

Assim, para esse autor, os jornalistas podem (e devem), com base em determinados métodos, desenvolver com qualidade reportagens especializadas. Uma dessas técnicas é a pesquisa, que deve ser altamente rigorosa:

> Se a fonte A dá uma versão, a fonte B outra e a fonte C uma terceira, contraditórias ou só parcialmente coincidentes, de um evento, deve haver uma quarta versão que corresponda ao que realmente aconteceu. Frequentemente, essa versão mais completa ou correta está disponível em algum lugar, pode ser investigada e recuperada. (Lage, 2005, p. 133)

O tamanho da reportagem varia muito: ela pode preencher várias páginas de uma revista semanal ou mensal; ser publicada em capítulos nos jornais especializados, como os de literatura; ou, até mesmo, ser transformada em livro. Há diversos livros-reportagem, como *A sangue frio*, de Truman Capote; *Hiroshima*, de John Hersey; e *Diário de um skin*, de Antonio Salas (pseudônimo do jornalista que se infiltrou no movimento *skinhead* espanhol). A leitura desta última obra não é tão empolgante, porque ela é cheia de detalhes técnicos, mas vale a pena dar uma passeada por suas páginas para entender como ocorreu a coleta de informações. O *glamour* das reportagens talvez venha desse perigo iminente e do trabalho altamente cansativo e longo por parte do jornalista. De acordo com Pena (2005, p. 75),

> O exagero e o aparente paradoxo estão no imaginário sobre a reportagem, sempre recheado de glamour. Quando pensamos em grandes jornalistas, logo nos remetemos àqueles responsáveis por grandes e famosas reportagens. Bob Wodoord e Carl Bernstein no escândalo Watergate, em Washington. Skeets Miller na Tragédia da Gruta Sand Cave, no Kentuky. Peter Arnett na Guerra do Golfo. E Tim Lopes no mercado do tráfico da Favela da Grota, no Rio de Janeiro. O último exemplo é proposital. Um alerta para a excessiva romantização do trabalho de repórter. [...] O importante agora é entender que os nomes citados são exceções. Às vezes, exceções trágicas. A transpiração é muito maior do que a glória na ampla maioria dos casos. O reconhecimento é muito mais pessoal do que social. O esforço é muito mais físico do que intelectual. O repórter não tem final de semana, gasta os dedos no telefone, esquenta

a bunda nos sofás de gabinetes, perde as solas dos sapatos e ainda recebe reclamações dos chefes e da família. O glamour não é regra na profissão. Se esse é o seu motivo para seguir carreira, esqueça. Como diz Ricardo Kotscho em outro de seus livros, *A prática da reportagem*, "o repórter só deve ser repórter se isso for irreversível, se não houver outro jeito de ganhar a vida, se alguma força maior o empurra para isso".

A reportagem pode seguir, quase que religiosamente, os parâmetros da notícia. O relato pode ser ou não feito em terceira pessoa e apresentar diálogos, e os ambientes e as situações devem ser descritos de maneira exaustiva. Enfim, nesse gênero, há certa liberdade de construção textual, mas o preceito do jornalismo ainda é válido: o jornalista precisa falar a verdade.

A reportagem pressupõe alguma interpretação, quanto mais que não seja a que sustenta a linha editorial, e permite certa margem de opinião, em temas duvidosos. Se, por acaso, o repórter entende que a explicação da Aeronáutica para a explosão do foguete que ia ser lançado de Alcântara, no Maranhão, em agosto de 2003, não é convincente, pode tentar obter documentos sobre o evento, levá-los a cientistas estrangeiros, relatar o esforço que envolveu a construção, expansão e operação da base – incluindo a resistência de movimentos ecológicos, propostas inaceitáveis de parcerias etc. É arriscado: como em muitos outros casos, deve-se resistir à tentação do sensacionalismo, da superficialidade ou das teorias conspiratórias. (Lage, 2005, p. 140)

Entre os tipos de jornalismo especializado, o que mais se utiliza do gênero reportagem é o investigativo. É importante ressaltarmos que, por mais que seja uma aventura e tanto, nem sempre é necessário construir um personagem e adotar um pseudônimo, como fez o jornalista espanhol que investigou os *skinheads* – até porque essa pode ser uma escolha para a vida inteira.

4.4 Grandes nomes da reportagem no mundo

Nesta seção, apresentaremos alguns personagens da história que, por meio da construção de reportagens, tornaram real a subjetividade e viram seus relatos interferirem em decisões ou situações e no funcionamento de organismos, empresas ou instituições. De alguma forma, esses relatos provocaram reflexões e, portanto, o esforço para sua realização valeu a pena. O maior objetivo daqueles que optam pela carreira jornalística é fazer a diferença por meio de relatos que instiguem o pensamento crítico.

∴ William Howard Russell

O irlandês William Howard Russell (1821-1907), considerado o primeiro correspondente de guerra da história da imprensa, trabalhou para o jornal *The Times*, na Irlanda. Quando a Guerra da Crimeia eclodiu, em 1854, ele foi enviado para cobrir o *front* de batalha, permanecendo na região por dois anos.

Em seus relatos, Russell, por estar acompanhando os soldados britânicos, que lutavam contra os russos, deixava claro seu lado; a subjetividade em seu texto apontava que era parte do Exército britânico, visto que usava a primeira pessoa do plural ou do singular para referir-se a este.

Apesar de trazer descrições de alguns acontecimentos que não presenciou – talvez tenha entrevistado pessoas, sem citá-las –, seu relato minucioso proporcionou ao público britânico o conhecimento das agruras de uma guerra. Além disso, contava em detalhes a situação em que se encontravam os soldados britânicos e fazia "críticas ao sistema de comando, aos uniformes inadequados e à má alimentação" (Lewis, 2008, p. 19). Diante de tal descrição, a população revoltou-se com o tratamento destinado aos soldados, e o governo, pressionado, realizou reformas no Exército, inclusive no que dizia respeito aos cuidados médicos.

Sobre a Batalha de Balaclava, que ocorreu durante a Guerra da Crimeia, Russell (citado por Lewis, 2008, p. 28) relata:

Com ardor intacto, os nobres corações lançaram-se contra o inimigo – uma luta de heróis. A primeira linha dos russos, que fora completamente esmagada por nossa carga e fugira para um dos flancos e para o centro, voltava para engolir nosso punhado de homens. Por puro aço e pura coragem, os Greys e os Ennisklinens ganhavam seu desesperado caminho através dos esquadrões inimigos; e cavalos cinzentos e casacos vermelhos já haviam aparecido na direita da retaguarda da segunda massa, quando com força irresistível, como a flecha de um arco.

O irlandês ainda cobriu o Motim da Índia, a Guerra Franco-Prussiana e a Guerra Civil Americana, mas, em virtude das posições que tomou, teve de se retirar dos Estados Unidos.

∴ Charles Dickens

O inglês Charles John Huffam Dickens (1812-1870) é amplamente conhecido como escritor de romances críticos, mas poucas pessoas lembram que ele também era jornalista e começou a escrever como repórter do *Morning Herald*. Em seus textos, fictícios ou não, descrevia a pobreza, o abismo entre ricos e pobres e a violência provocada pela injustiça social.

Apesar de não ter estudado muito, Dickens editou um jornal semanal por 20 anos e escreveu 15 romances, 5 romances curtos, cerca de 100 contos e artigos verídicos e milhares de cartas. Além disso, era um defensor ardoroso dos direitos das crianças, da educação e das reformas sociais.

A seguir, apresentamos um trecho do texto *Um homem é guilhotinado em Roma*, produzido por Dickens enquanto visitava a Itália e publicado no *Daily News*, jornal fundado por ele.

> Ninguém se abalou, nem foi de alguma forma afetado. Não houve manifestação de nojo, piedade, indignação ou pesar. Meus bolsos vazios foram experimentados, várias vezes, na multidão imediatamente diante do patíbulo, quando o corpo era posto no caixão. Era um espetáculo feio, imundo, descuidado, nojento; e significava apenas carnificina, além do momentâneo interesse, para o único e desgraçado ator. Sim! Tal visão tinha um sentido e um aviso. Que eu não a esqueça. Os especuladores na loteria postam-se em pontos favoráveis para contar as gotas de sangue que esguicharam pelo local; e compram esses números. Dizem que dá sorte. (Dickens, citado por Lewis, 2008 p. 18)

∴ Gloria Steinem

A jornalista norte-americana Gloria Steinem (1934-), logo depois de se formar, foi estudar na Índia e virou uma escritora *freelancer*. Feminista e ativista incansável até os dias de hoje, foi a única jornalista que conseguiu infiltrar-se no Club Playboy e, graças a seu texto, as condições de trabalho das coelhinhas mudaram.

Autora de diversos livros, ajudou também a criar a *New York Magazine* e a *Ms. Magazine*, trazendo à tona assuntos como violência doméstica e outras questões importantes para as mulheres. Entre seus inúmeros artigos, destaca-se "Se os homens menstruassem" (Steinem, 1997, p. 146):

> Então, o que aconteceria se, de repente, como num passe de mágica, os homens menstruassem e as mulheres não?
>
> Claramente, a menstruação se tornaria motivo de inveja, de gabações, um evento tipicamente masculino:
>
> Os homens se gabariam da duração e do volume.
>
> Os rapazes se refeririam a ela como o invejadíssimo marco do início da masculinidade. Presentes, cerimônias religiosas, jantares familiares e festinhas de rapazes marcariam o dia.
>
> Para evitar uma perda mensal de produtividade entre os poderosos, o Congresso fundaria o Instituto Nacional da Dismenorreia. Os médicos pesquisariam muito pouco a respeito dos males do coração, contra os quais os homens estariam, hormonalmente, protegidos e muito a respeito das cólicas menstruais.

Em 1992, Steinem lançou *A revolução interior: um livro de autoestima*, criticado pela imprensa que o considerou uma escrita muito pessoal; porém, na opinião da jornalista, é uma das obras mais políticas que escreveu.

∴ Merriman Smith

O norte-americano Albert Merriman Smith (1913-1970) trabalhou na cobertura dos governos Roosevelt, Nixon, Truman e Kennedy. Enquanto atuava como correspondente da Casa Branca para a *United Press International*, ganhou o prêmio Pulitzer pela cobertura do assassinato do Presidente John F. Kennedy. Como estava em um carro atrás da comitiva, Smith teve visão privilegiada do assassinato e dos movimentos posteriores aos tiros. Cerca de 25 minutos após o ocorrido, seu relato foi enviado à agência de notícias:

> De repente, ouvimos 3 estalos altos. O primeiro soou como uma explosão. O segundo e o terceiro foram inequívocos. Arma de fogo.
>
> O carro do presidente, possivelmente 150 a 200 metros à frente, pareceu falhar um instante. Vimos uma movimentação incomum no carro da escolta do serviço secreto, que ia atrás da limusine aberta do presidente.

Em seguida ia o carro do vice-presidente Lyndon B. Johnson. Atrás deste, outro carro de escolta levando agentes designados para a proteção do vice-presidente. Nós íamos atrás deste. [...]

Corri para o lado da limusine.

O presidente estava cabisbaixo no banco de trás. A Sra. Kennedy fazia um berço com os braços em torno da cabeça do marido e curvava-se sobre ele como se lhe sussurrasse. [...]

Clint Hill, o agente do serviço secreto encarregado da escolta designada para a Sra. Kennedy, curvava-se para dentro do carro.

— Qual a gravidade do ferimento, Clint? – perguntei.

— Ele está morto – respondeu sucintamente Clint. (Smith, citado por Lewis, 2008, p. 244)

∴ John Hersey

Nascido em Tientsin, na China, John Richard Hersey (1914-1993) ficou famoso pela publicação de "Hiroshima" na revista *The New Yorker*, em agosto de 1946, que, ainda hoje, é um ícone dos livros-reportagem por mostrar o impacto da explosão da bomba em vidas comuns. Em parceria com um jornalista e um editor da revista, seu intuito era expor à sociedade americana e ao restante do mundo as consequências dessa explosão um ano depois. O especialista em jornalismo literário Matias Suzuki Jr. explica, no posfácio da obra de Hersey (2014, p. 174), o motivo do destaque da publicação:

> *Hiroshima* não trazia revelações técnicas e dados desconhecidos sobre os efeitos da bomba atômica. Seu impacto veio do enfoque e da abordagem escolhidos por Hersey. Humanizando o que havia ocorrido por meio do relato de seis sobreviventes – duas mulheres e quatro homens, sendo um deles um estrangeiro no Japão –, ele aproximou a abstração ameaçadora de uma bomba atômica à experiência cotidiana dos leitores. O horror tinha nome, idade e sexo. Ao optar por um texto simples, sem enfatizar emoções, ele deixou fluir o relato oral de quem realmente viveu a história. O tom da reportagem é um prolongamento do sofrimento silencioso que os sobreviventes de Hiroshima notaram em seus conterrâneos feridos.

Quarenta anos depois de ter publicado a história, Hersey foi ao Japão e escreveu um último capítulo para o livro. Nesse meio tempo, ele cobriu guerras em diversos países, publicou outros quatro livros e recebeu o prêmio Pulitzer pelo romance de ficção *A Bell for Adano*, lançado em 1945.

A seguir, apresentamos um pequeno trecho de "Hiroshima" para atiçar sua vontade de ler a obra.

O sr. Tanimoto fazia o seu próprio café da manhã. O esforço de transportar o piano no dia anterior, a noite sem dormir, as semanas de preocupação e alimentação irregular, as preocupações com a paróquia deixavam-no quase incapaz para o novo dia de trabalho. [...] Em compensação, para mostrar-se publicamente como um bom japonês, o sr. Tanimoto assumira a presidência de um tonarigumi, ou associação de bairro local, e aos seus deveres e preocupações nesse posto acrescentara os de organizar a defesa antiaérea de cerca de 20 famílias. (Hersey, 2008, p. 185)

∴ Martha Gellhorn

Durante 60 anos de sua vida, a jornalista norte-americana Martha Gellhorn (1908-1998) trabalhou na cobertura de guerras, como a Guerra Civil Espanhola, a Segunda Guerra Mundial, a Guerra do Vietnã, os conflitos em El Salvador e na Nicarágua e a invasão do Panamá. Curiosamente, um dos últimos textos que escreveu, nos anos 1990, refere-se às crianças brasileiras que moram nas ruas.

Vivemos em um mundo ainda muito machista, portanto não se surpreenda se alguém se referir a ela como "uma das esposas de Hemingway"[2] em vez de chamá-la pelo nome.

---

2   Para ilustrar essa história, sugerimos o seguinte filme: HEMINGWAY & Gellhorn. Direção: Philip Kaufman. EUA: HBO, 2012. 154 min.

A seguir, apresentamos um trecho da carta que Martha enviou à revista *The Spectator* em tempos de paz, especificamente, em agosto de 1936.

> Atravessamos o estado do Mississipi à noite, tentando chegar a uma cidade chamada Columbia na esperança de que o hotel fosse menos desleixado que de hábito e que houvesse alguma comida. O carro quebrou. Fizemos tudo o que podíamos fazer, o que não era muito, e uma ou duas vezes ele arquejou exausto e depois calou-se. Sentamo-nos dentro dele, xingamos e nos perguntamos o que fazer. Não passava ninguém: não havia motivo para passarem. As estradas são más e os mosquitos cantam perto demais assim que a gente para de se mexer. E o único motivo para ir a uma cidadezinha no Mississipi é vender alguma coisa, ou tentar vender, e isso não se faz tarde da noite.
> (Gellhorn, citado por Lewis, 2008, p. 136)

Você deve ter notado que boa parte desses textos é, na verdade, uma contação de história. E a aventura do jornalismo é justamente colocar as experiências no papel. A leitura de obras desses ícones da reportagem pode aproximar o jornalista a esse universo. Afinal, é empolgante destrinchar uma história, aprofundar-se em um caso, pesquisar informações e sentir o ambiente das fontes. Convém ressaltarmos que, em alguns momentos, o jornalista pode fazer isso de maneira mais objetiva, produzindo matérias factuais.

4.5 Grandes nomes da reportagem no Brasil

Assim como acontece no exterior, inúmeros jornalistas brasileiros (contemporâneos ou históricos) consideram a reportagem uma maneira de transmitir mais informação, mais reflexão e mais realidade – altamente checadas – a um público que, mais do que se informar, precisa ser chacoalhado.

∴ Caco Barcellos

Repórter da TV Globo por muitos anos, Caco Barcellos (1950-) atualmente edita e produz um programa sobre o jornalismo na prática, voltado a estudantes e a recém-formados. Virou nome de peso no jornalismo depois que publicou *Rota 66: a história da polícia que mata*, em 1992. Nessa obra – obrigatória para alunos de Jornalismo, jornalistas e escritores –, Barcellos investiga e destrincha diversas mortes ocorridas em confrontos com a

Rondas Ostensivas Tobias Aguiar (Rota), tropa do comando geral da polícia militar do estado de São Paulo. Com um texto envolvente e uma pesquisa incansável e acurada, recebeu, em 1993, o prêmio Jabuti de livro do ano de não ficção. Leia, a seguir, um dos diálogos desenvolvidos no referido livro.

Eu e Manoel Luís entramos com medo de ficarmos presos também. Mas fingimos segurança. Ao chegar na sala de plantão encontramos Negro Guerra, sentado no banco de madeira, já com os olhos vermelhos de tanta porrada. Ao lado dele, Jorge Caolho está sendo pressionado pelo delegado.

— Tu és ladrão safado. Confirma?

— Não sou!

— Então prova, safado. Prova que não é ladrão. Vira essa cara, me olhe de frente, tu não és homem?

— Sou.

— Quero a prova. Vira essa cara pra levar um murro, vira!

Assistimos quietos por muito tempo a covardia habitual do delegado. Estamos de pé, encostados na parede. Quando ele começou a puxar os cabelos do amigo preso, criamos coragem e resolvemos interferir. Já havíamos combinado, em um cochicho, que Manoel falaria primeiro.

— Chamo ele de doutor ou de delegado?

— Doutor! Ele gosta. Mas Barriga, não; ele nos mata!

— Doutor o quê, Caco? Não sei o nome dele...

— Doutor Delegado. Vai firme.

Manoel pede licença, educadamente, para falar do problema de visão do amigo, um defeito que qualquer criança pode perceber. Para os olhos dele focarem em linha reta, isto é, para o Jorge encarar o delegado, é obrigado a virar a cabeça à direita, ou à esquerda. Ou incliná-la na posição oblíqua. O Doutor Barriga parece enlouquecer quando Manoel Luís tenta explicar isso de maneira bem simples.

— O senhor não está vendo que ele é caolho, doutor?

— Isso é jeito de falar com autoridade, guri! Tu também é da quadrilha, te manjo. (Barcellos, 1997, p. 14)

O jornalista tem outras duas publicações: *Abusado, o dono do Morro Santa Marta* e *Profissão Repórter: 10 anos*. Neste último, ele relata, com o auxílio de sua equipe, as experiências vivenciadas no programa durante esse período.

Graças à sua competência, Barcellos é o tipo de jornalista que pode realizar qualquer trabalho, em qualquer veículo de comunicação, pois demonstra uma ideologia que visa ao equilíbrio dos relatos, ainda que atualmente, por exemplo, mantenha-se em uma emissora que tem uma visão um pouco diferente da sua. É possível que esteja nesse trabalho porque seria muito ruim para a emissora perdê-lo; perderia-se competência.

∴ Eliane Brum

Anteriormente, comentamos que o jornalista tem de ser bom o suficiente para passar despercebido em seus textos. Eliane Brum (1966-) consegue fazer isso. Ela trabalhou por 11 anos como repórter do jornal *Zero Hora*, de Porto Alegre, reconhecido por suas tendências conservadoras, e, por um bom tempo, sustentou uma coluna que visibilizava pessoas que nunca se tornariam notícia na pauta convencional. Durante dez anos, foi repórter especial da Época, em São Paulo, e teve uma coluna no *site* da revista. Em 2010, começou a atuar como *freelancer* e, atualmente, escreve artigos para os jornais *El País* (português e espanhol).

Em virtude das reportagens que produziu, Eliane recebeu mais de 40 prêmios nacionais e internacionais. Além disso, publicou cinco livros de não ficção – três deles de reportagens – e um romance. Em *A vida que ninguém vê*, ela reúne colunas que escreveu para o jornal *Zero Hora* sobre pessoas comuns com quem se deparou nas reportagens – gente real que dificilmente sairia no jornal sem ter cometido algum crime. Já em *A menina quebrada*, reúne alguns de seus textos publicados originalmente no *site* da revista *Época*.

> O que eu poderia dizer a você, Catarina? A verdade? A verdade você já sabia, você tinha acabado de descobrir. As pessoas quebram. Até as meninas quebram. E, se as meninas quebram, você também pode quebrar. E vai, Catarina. Vai quebrar. Talvez não a perna, mas outras partes de você. Membros invisíveis podem fraturar em tantos pedaços quanto uma perna ou um braço. E doer muito mais. E doem mais quando são outros que quebram você, às vezes pelas suas costas, em outras fazendo um afago, em geral contando mentiras ou inventando verdades. Gente cheia de medo, Catarina, que tem tanto pavor de quebrar, que quebram outros para manter a ilusão de que são indestrutíveis e podem controlar o curso da vida. E dão nomes mais palatáveis para a inveja e para o ódio que os queima. Mas à noite, Catarina, à noite, eles sabem. (Brum, 2013)

∴ José Hamilton Ribeiro

Jornalista com mais de 50 anos de caminhada, José Hamilton Ribeiro (1935-) tem cerca de 15 livros editados sobre as reportagens que produziu. Cobriu a Guerra do Vietnã para a revista *Realidade* e, na ocasião, perdeu uma das pernas quando pisou em uma mina terrestre. No livro *O gosto da guerra*, Ribeiro conta essa experiência em primeira pessoa não porque está fazendo uso de um estilo de narrativa mais subjetiva, mas porque ele era a notícia, a história que deveria ser relatada.

> Ele trazia um cigarro aceso e tentou colocar na minha boca. Não aceitei. Sentia na boca um gosto ruim, como se tivesse engolido um punhado de terra, pólvora e sangue – hoje eu sei, era o gosto da guerra. Cuspia, cuspia, mas aquela gosma amarga permanecia na boca. Então senti um repuxão violento na perna esquerda e só aí tive consciência de que a coisa era comigo. A perna esquerda da calça tinha desaparecido e eu estava, naquele lado, só de cueca. O repuxão muscular aumentava e eu quase não me equilibrava sentado; rodopiava sobre mim mesmo em círculos e aos saltos. Olhei-me de novo: abaixo do joelho, na perna esquerda, só havia tiras de pele, banhadas de sangue, que repuxavam e se arregaçavam, fora do meu controle. Lembrei-me de partes do boi no matadouro quando, penduradas nos ganchos, continuam a tremer e a repuxar em movimentos elétricos. (Ribeiro, 2005, p. 20)

Mesmo um relato que acontece com o próprio jornalista é uma versão do fato. Ele é mais um dos olhares da situação, que poderia ser relatada também por um colega, que não sentiu as dores da explosão; entretanto, a abordagem seria diferente.

Outra leitura obrigatória de Ribeiro é a obra *O repórter do século*, de 2006, que reúne sete reportagens ganhadoras do prêmio Esso.

∴ Fernando Morais

Fernando Morais (1946-) é jornalista, político e, sobretudo, biógrafo. E biógrafo trabalha com a realidade, com o que aconteceu na vida de uma pessoa ou com o que ela realizou. Nesse caso, a checagem da informação precisa ter ainda mais força, porque, se a pessoa está viva, é muito fácil encantar-se pela maneira como ela conta sua história e se posiciona. É comum o jornalista se apaixonar pelos entrevistados, especialmente por aqueles que têm vidas empolgantes e, consequentemente, histórias interessantes para contar.

Morais desempenhou vários papéis sociais e recebeu diversos prêmios no jornalismo. Entre seus livros verídicos (reportagens e biografias) destacam-se *A ilha*, de 1976, que traz informações sobre Cuba dos anos 1970; *Olga*, publicado em 1985, que relata a história de Olga Benário Prestes, esposa de Luís Carlos Prestes que foi entregue aos nazistas; e *Chatô: o rei do Brasil*, de 1994, que conta a vida de Assis Chateubriand, fundador dos Diários Associados. Esta última biografia contribui para o entendimento das relações que os donos de veículos de comunicação estabelecem com o poder, tanto monetário quanto político.

Confira um trecho de *Chatô: o rei do Brasil* e perceba seu requinte descritivo/narrativo:

> Enquanto os enfermeiros se esforçavam para mover aquele corpo inerte e despi-lo do terno de linho branco, Ackerman tirou da malinha um pequeno instrumento de metal brilhante, como uma colher de café de cabo desproporcionalmente longo. Deu dois passos até a cama e iniciou um exame clínico sumário. Ao abrir as pálpebras do doente, deparou com duas pupilas baças que pareciam anunciar que aqueles olhos jamais veriam de novo o que quer que fosse. Mexeu a própria cabeça alguns centímetros para o lado, para permitir a incidência da luz do refletor sobre os olhos opacos, arregalados por seus dedos. Os cantos da boca de Ackerman caíram, dando à atenta e silenciosa plateia o primeiro indício de que a coisa ali não ia bem. Deu um passo, parou diante dos joelhos de Chateaubriand e martelou de leve sob cada uma das rótulas com o instrumento de metal, testando os reflexos: nada. Nenhum músculo se movia, nada respondia ao estímulo. Tirou um estetoscópio da maleta, fechou os olhos como se aquilo o ajudasse a ouvir melhor e auscultou o peito pálido do jornalista em vários lugares. Voltou à mesa lateral e olhou radiografias e papéis com resultados de exames. Com o ar cada vez mais preocupado, agachou diante da sola dos pés do doente e passou a dar batidas suaves na junção dos dedos com a planta dos pés,

horizontalmente, na expectativa de que, como acontece com os macacos e os bebês recém-nascidos, os dedos agarrassem instintivamente o estilete roliço. Tentou em vão uma, duas, várias vezes, ora num pé, ora no outro. (Morais, 1994, p. 6)

∴ Daniela Arbex

A jornalista Daniela Arbex (1973-) recebeu mais de 20 prêmios nacionais e internacionais com seus textos jornalísticos. É autora do *best-seller Holocausto brasileiro: vida, genocídio e 60 mil mortes no maior hospício do Brasil*, que retrata os horrores do Hospital Colônia, o maior hospício do país. Leia, a seguir, um trecho de sua produção.

> O barulho da água caindo dentro do balde a despertou. Marlene iniciava agora a lavagem de toda a ala, na tentativa de desinfetar o chão impregnado pelo cheiro de fezes e urina não só humanas, mas também dos ratos que dividiam o espaço com os pacientes do Colônia, considerado o maior hospício do Brasil. Ao esfregar a vassoura contra o piso, a jovem viu o emprego dos sonhos transformar-se em pesadelo. Começara a trabalhar num campo de concentração travestido de hospital. Apesar de estar tomada pela indignação, sentiu-se impotente diante da instituição tradicional que mantinha, com o apoio da Igreja Católica, as portas abertas desde 1903.

Desde o início do século XX, a falta de critério médico para as internações era rotina no lugar onde se padronizava tudo, inclusive os diagnósticos. Maria de Jesus, brasileira de apenas vinte e três anos, teve o Colônia como destino, em 1911, porque apresentava tristeza como sintoma. Assim como ela, a estimativa é que 70% dos atendidos não sofressem de doença mental. Apenas eram diferentes ou ameaçavam a ordem pública. Por isso, o Colônia tornou-se destino de desafetos, homossexuais, militantes políticos, mães solteiras, alcoolistas, mendigos, negros, pobres, pessoas sem documentos e todos os tipos de indesejados, inclusive os chamados insanos. A teoria eugenista, que sustentava a ideia de limpeza social, fortalecia o hospital e justificava seus abusos. Livrar a sociedade da escória, desfazendo-se dela, de preferência em local que a vista não pudesse alcançar. (Arbex, 2003, p. 20)

Em 2015, Daniela lançou a obra *Cova 312*, que resgata a história de um militante político da época da ditadura, desde o seu assassinato até a descoberta do corpo, enterrado anonimamente na cova 312. A crítica reconheceu a abordagem inovadora desse assunto – os crimes da ditadura no Brasil –, tratado em diversas publicações anteriores. Na produção de reportagens, é sempre importante buscar uma abordagem diferente ou um ângulo que ainda não foi explorado, a fim de pesquisar e apresentar ao público algo novo, que nunca foi dito ou mostrado.

∴ Mauri König

Mauri König (1967-) trabalhou em diversos jornais, como *Estado de S. Paulo*, *Folha de Londrina* e *Gazeta do Povo*. Já produziu uma série de reportagens investigativas, como "A polícia fora da lei", em que denunciava os desvios e abusos que aconteciam na polícia civil do estado do Paraná. Por causa das ameaças sofridas, teve de morar fora do país por alguns meses.

König tem três livros publicados: *Narrativas de um correspondente de rua*, lançado em 2008, que reúne várias de suas reportagens especiais; *O Brasil oculto*, de 2013, que aborda a exploração sexual de crianças e adolescentes no Brasil; e *nos bastidores do mundo invisível*, de 2017, que traz 18 reportagens premiadas, divulgadas entre 2000 e 2016. O jornalista coleciona mais de 30 prêmios, entre eles o Esso e o Cabot Prize.

De fala mansa e jeito contido, em um primeiro momento, o jornalista não mostra a que veio, mas, nos textos, sua sensibilidade aflora. Leia um trecho de uma reportagem especial sobre um personagem que deveria ser anônimo, mas não é mais.

> As noites se sucederam entre insônia e pesadelos. Alto da noite, fugindo dos pesadelos, chamava pela irmã Myrthes. Tornou-se agressivo e malcriado. Imaginando estarem as outras freiras por trás da separação, xingava de quanto nome feio conhecia. O troco chegava rápido, com vara de marmelo

e castigo num quarto escuro. De nada adiantavam as sovas. Queria a mãe. Ao se deparar com irmã Zélia, a mais severa, gritava carregado de maledicência.

— Sua bruxa. Bruxa de uma figa!

Mesmo apanhando, ou sob a ducha fria, repetia os impropérios a plenos pulmões.

— Bruxa, é isso que você é. Bruxa fedorenta!

Para assimilar a ausência de irmã Myrthes, refugiava-se na biblioteca, onde lia de enciclopédias a dicionários. Era o melhor lugar do seminário. Ali costumava ver frei Cássio entregue à leitura, sentado à mesa. De pé à porta, o menino contemplava com atenção profunda as mãos alvas virando a página ao mesmo tempo em que os olhos deslizavam sobre as linhas escritas como se engolisse todo o conhecimento. E sentia que também ele se preparava para compreender o que os livros tinham a ensinar. (König, 2015)

Síntese

Neste capítulo, explicamos que boa parte das empresas jornalísticas está inserida em um sistema voltado ao lucro e, por isso, muitas vezes o jornalista não tem total autonomia e liberdade em seu fazer. Porém, quando o profissional é extremamente competente, acaba conquistando essas condições.

Discorremos também sobre a subjetividade no jornalismo, característica presente em qualquer atividade. Portanto, em vez de negá-la, o profissional pode assumir um posicionamento – atitude mais honesta e transparente. A interpretação dos fatos e das informações coletadas faz parte do trabalho de apuração do jornalista, e ter consciência de que essa subjetividade existe pode determinar o rigor no exercício da profissão.

Por fim, abordamos a reportagem, a "menina dos olhos" de muitos jornalistas. Além de apresentarmos as características inerentes a esse gênero, versamos sobre alguns jornalistas que se destacaram nos cenários nacional e internacional em virtude das reportagens que produziram.

Questões para revisão

1. Considerando a liberdade de ação do jornalista, responda às seguintes questões: Em sua opinião, em que situações o jornalista deve parar de colher informações sobre o fato? Quais são os limites éticos para ele deixar de fazer uma matéria? Pense em casos de crimes violentos, denúncias políticas, entre outros.

2. Em sua opinião, como seria se todos os jornalistas e veículos expusessem suas convicções políticas e ideológicas abertamente? Quais seriam as vantagens e as desvantagens dessa "honestidade" de posicionamento?

3. A reportagem, em geral, é um texto longo e aprofundado, que tem sinais de subjetividade e, muitas vezes, fornece diversos ângulos do mesmo assunto. Com base nessa definição, assinale a sentença que apresenta características desse gênero textual:
   a) Aos 25 anos, Altamiro dos Santos ganhou a corrida de São Silvestre.
   b) Segundo o porteiro, ninguém mais teve acesso à garagem naquela noite.
   c) O Instituto Brasileiro de Geografia e Estatística (IBGE) confirma que a pesquisa foi feita em 2 mil localidades brasileiras.
   d) Ele andava meio manco por causa das cicatrizes de guerra, mas isso não o fazia baixar a cabeça.
   e) Ontem, mais de mil pessoas acessaram o *site* estadual que divulgava vagas de trabalho para jovens e adolescentes.

4. De acordo com Noblat (2012, p. 26), "jornal também é um negócio diferente de qualquer outro. Existe para servir antes de tudo ao conjunto de valores mais ou menos consensuais que orientam o aperfeiçoamento de uma determinada

sociedade". Assinale a alternativa que aponta a razão por que essa afirmação nem sempre é realidade na sociedade brasileira:

a) O jornal impresso está acabando, pois o público o está comprando cada vez menos e vários periódicos estão migrando para as mídias digitais.

b) O autor afirma que a empresa de comunicação é, em geral, um negócio como outro qualquer. Assim, precisa de dinheiro para se manter e, por isso, é quase impossível formar opinião e defender os valores da sociedade, visto que não é possível contrariar os grupos financiadores.

c) Como diz Althusser (2007), o jornal é um aparelho ideológico do Estado, que aponta os valores éticos da sociedade em que está inserido e exibe o que os outros aparelhos ideológicos querem que seja reproduzido.

d) Além de ser formador de opinião, o jornal precisa se desenvolver como uma empresa e, por isso, deve se organizar de maneira a funcionar todos os dias. Assim, há departamentos e hierarquia, os quais refletem os valores da sociedade brasileira.

e) É papel do jornal, por meio das informações que publica, promover o aperfeiçoamento da sociedade, servindo como conselheiro para as tomadas de decisões de diversos grupos.

5. Assinale a alternativa que apresenta uma prática comum aos jornalistas que se destacam pela produção de reportagens e, consequentemente, recebem prêmios por isso:

a) Pirâmide invertida.
b) Uso de primeira pessoa.
c) Escrita de textos curtos antes de partirem para a produção de textos longos.
d) Pesquisas aprofundadas para humanizar as histórias.
e) Publicação de livros em vários países.

Capítulo
05

Jornalismo contemporâneo

Conteúdos do capítulo:

- Desafios contemporâneos da prática profissional.
- O Novo Jornalismo e seus principais expoentes.
- Jornalismo alternativo.
- Jornalismo na era digital.
- Diferentes inserções do jornalismo como profissão.

Após o estudo deste capítulo, você será capaz de:

1. entender os principais desafios atuais da prática profissional jornalística;
2. dissertar sobre o Novo Jornalismo e seus principais expoentes;
3. compreender o jornalismo alternativo e o jornalismo na era digital;
4. visualizar as diferentes perspectivas de inserção profissional no jornalismo.

Neste capítulo, mostraremos, filosófica e praticamente, agruras e desafios do jornalismo, aos quais é preciso estar sempre atento. Abordaremos o Novo Jornalismo e as mudanças dele advindas, bem como o jornalismo alternativo. Por fim, evidenciaremos a situação do mercado de trabalho na área e a interferência dos meios digitais na prática profissional.

5.1
Desafios contemporâneos da prática profissional

A necessidade de o jornalista ser *multitask* instantâneo se acentuou, de forma que é preciso realizar qualquer tarefa rapidamente e assumir muitas funções ao mesmo tempo. Porém, essa não é a maior dificuldade da prática profissional atualmente. O principal desafio dos profissionais que lidam com a informação é desenvolver seu trabalho diário com responsabilidade e ética. Para muitas pessoas, o jornalista tem apenas a obrigação de noticiar, sem se preocupar em filtrar as informações, mas, na prática, não deveria ser assim. Veja um exemplo real.

Estudo de caso

Os pais estavam chegando à capital do estado para visitar os dois filhos – um deles era fotógrafo-jornalista. Às 20 horas, o pai – vamos chamá-lo de João – parou em frente ao edifício onde os meninos moravam, no Centro da cidade, e buzinou. Os garotos olharam pela janela do prédio e, em seguida, desceram para ajudar os pais a carregarem as malas e os pacotes, mas nem tiveram tempo para isso. Quando chegaram lá embaixo, encontraram o pai caído na calçada: em uma tentativa de assalto, dois rapazes lhe deram três tiros. Até a ambulância chegar, um dos filhos ficou segurando João nos braços, e o outro dava conforto à mãe. Infelizmente, a vítima não resistiu aos ferimentos e morreu a caminho do hospital.

Uma equipe de jornalismo que passava pelo local do ocorrido parou para ver o que estava acontecendo. Tiraram fotos de tudo e fizeram inúmeras perguntas. Sem dúvida, era um furo de reportagem e, também, um serviço público, porque precisavam avisar a população sobre o perigo da região. Mas precisava ser assim? Não havia outras maneiras de relatar o ocorrido? Não é à toa que muitos repórteres são chamados de *abutres*[1].

Esse tipo de questão vai permear a atividade jornalística sempre. Independentemente de quaisquer fatores, os profissionais da área devem se pautar pela responsabilidade e pela ética. Não importa se o mercado está mais apertado, se as empresas de comunicação só querem dinheiro, se a tecnologia acelerou a produção de informação, se os concorrentes estão sempre se "furando" ou se o jornalista é autônomo e, por isso, precisa se virar em três ou quatro funções para cobrir, entrevistar, escrever, fotografar, filmar etc. Acompanhe outro caso.

Estudo de caso

A repórter americana Judith Miller, descrita como voraz, tem "sangue nos olhos" para ir atrás da notícia. No entanto, boa parte da cobertura que fez na Guerra do Iraque, na qual reportou a existência de armas de destruição em massa, mostrou-se imprecisa. Ela usou como fontes de informação tanto governantes que se opunham ao governo de Saddam Hussein quanto investigadores

---

1 Para complementar essa reflexão, sugerimos o seguinte filme: O ABUTRE. Direção: Dan Gilroy. EUA: Diamond Films, 2014. 117 min.

da inteligência americana. Após esse episódio, a credibilidade de Miller nunca mais foi a mesma. O erro dela? Em meio à ânsia de oferecer informações vultosas ao mundo todo, ela se esqueceu de confirmar os fatos com outras fontes e de diversas formas.

Em outro caso, usou informações da Agência Central de Inteligência Americana (CIA) para fazer reportagens e foi inquirida a revelar suas fontes. Ela usou o direito de pemanecer em silêncio (*reporter's priviledge*[2]) e, por essa negativa, ficou na prisão por 85 dias.

O jornalista precisa agir com responsabilidade, entender o alcance daquilo que reporta e os efeitos que certas denúncias podem causar, não apenas aos personagens do fato, mas em um espectro maior de correlações políticas e sociais. A informação é transmitida a muitas pessoas, e o estrago pode ser grande caso não seja verdadeira ou bem checada.

É essencial o jornalista questionar a prática profissional constantemente. Ele não deve entrar no redemoinho do apenas fazer: seguir fórmulas prontas, percebendo os valores-notícia e reportando sempre da mesma forma, e se mostrar manipulável, fazendo, sem senso crítico, o que o veículo para o qual trabalha lhe pede. É importante continuar estudando, lendo e

---

2   A *reporter's priviledge* é uma proteção que a lei americana oferece aos repórteres, os quais não são obrigados a revelar questões confidenciais. No Brasil, a Constituição Federal também assegura o sigilo à informação no exercício profissional.

experimentando e estar aberto a outras visões de mundo e a outras formas de se analisar um caso.

Alguns professores de jornalismo, por exemplo, costumam repercutir toda vez a mesma coisa – sem desafiar, sem inovar e sem repensar certas práticas –, como se houvesse sempre o certo e o errado na consecução de uma matéria. Nesse meio, é preciso ter humildade e, sobretudo, abertura para o outro, para o diferente. A arrogância é uma armadilha e, em vez de elevar o profissional, pode conduzi-lo à queda.

Todos os dias, o jornalista deve se olhar no espelho, pensar por quais ações gostaria de ser lembrado quando morrer e praticá-las durante o dia, o mês e o ano de trabalho.

5.2
O Novo Jornalismo

Imagine um fervilhamento cultural, em que nada estava bom, nada mais fazia sentido e tudo deveria ser reinventado. Uma guerra tirando um monte de vidas. Uma indústria cultural pujante apontando para o mundo que o *american way of life* era a melhor opção. Indústria e economia a mil. Famílias chorando seus mortos no Vietnã e outras tentando denunciar a burrice que era essa guerra. Os *hippies* radicalizando na contracultura e forçando o mundo para a paz e o amor. Protestos no país todo, principalmente raciais[3], colocando fogo nas ruas (nos sentidos figurado e real). Lima (2009, p. 193-194) tenta traduzir esse momento:

> os Estados Unidos dos primeiros anos da década de 1960 viviam a grande efervescência das transformações sociais comportamentais e culturais da contracultura e correntes paralelas – como a "consciência negra" – mas a literatura não se alertava para isso. A cidade de Nova York e em particular a Califórnia transformavam-se nos laboratórios coletivos das experiências extremadas de ruptura com tudo o que representasse o *stablishment*, o *status quo* de valores e modos de vida. Era, em linguagem sistêmica, o melhor exemplo de uma força de interesses ocasionais despontando no sistema social americano em confrontação direta com os valores duradouros que tinham tornado os Estados Unidos [...] uma grande nação, um país altamente industrializado, uma grande potência. Mas o confronto tinha uma peculiaridade distinta. Não existia uma luta face a face, mas sim uma força que simplesmente dava as costas à outra e se afastava em busca de seus próprios caminhos. O psicodelismo grassava, e um desvairado professor da Califórnia desafia as autoridades para poder experimentar, sob certo controle científico os efeitos do LSD. Timothy

- - - - -

3   No que se refere à vertente racial, sugerimos o filme a seguir: O MORDOMO da Casa Branca. Direção: Lee Daniels. EUA: The Weinstein Company, 2013. 132 min.

Leary. Bandos de roqueiros drogados saíam em seus *easy riders* – alusão ao filme Sem Destino com Peter Fonda, Dennis Hoper e Jack Nicholson, lançando-o ao estrelato como o melhor personificador do anti-herói cínico que substituía, para essa geração revisionista, os heróis canastrões de Hollywood tipo John Wayne – fazendo seus *happenings*. E jovens, para o horror dos tios e pais e avôs que tinham honrado a bandeira do Tio Sam na luta contra o nazismo ou no embate do pacífico, rasgavam seus certificados de convocação militar, desertavam para o Canadá, recusavam-se a combater no Vietnã.

Junte a esse cenário jornalistas divididos em dois grupos: os factuais e os de humanas. Estes acabavam sempre renegados a segundo plano, pois escreviam sobre temas frios, isto é, que não tinham urgência de ser publicados. Por ser o "Patinho Feio" da redação, o grupo começou a fazer tentativas mais criativas de construção do texto. De outro lado, havia pessoas que queriam escrever seu primeiro romance em uma época de muitas histórias a serem contadas. Enfim, o chamado *Novo Jornalismo* nasceu nos Estados Unidos nesse contexto, entre os anos 1960 e 1970, meio sem querer, como conta Wolfe (2005, p. 9):

> Duvido que a maioria dos craques que vou exaltar neste texto tenham entrado para o jornalismo com a mais remota ideia de criar um "novo" jornalismo, ou um jornalismo "superior",

ou mesmo uma variedade ligeiramente melhorada. Sei que eles nunca sonharam que nada que fossem escrever para jornais e revistas provocasse tamanho torvelinho literário... causando pânico, tirando do romance o trono de gênero literário número um, inaugurando a primeira novidade da literatura americana em meio século... No entanto, foi isso que aconteceu.

Contudo, enquanto os jornalistas estavam somente testando novos jeitos de contar as histórias – sempre reais –, geraram revolta nos literatos da época, que se viram invadidos por esse pessoal que "achava que escrevia". Na verdade, as novas formas de escrever causavam estranhamento até mesmo em quem inaugurou esse estilo. Confira a opinião de Wolfe (2005, p. 22) sobre um texto de Gay Talese escrito para a revista *Esquire*:

> As passagens entre as cenas, as passagens narrativas, eram no estilo convencional do jornalismo de revista dos anos 50, mas podiam facilmente ser refeitas. Com muito pouco esforço, o texto podia se transformar em um conto de não ficção. A coisa realmente única a respeito do texto, porém, era a reportagem. Isso eu francamente não entendi de início. Não entendi mesmo como alguém podia fazer uma reportagem sobre os jogos entre um homem e sua quarta esposa num aeroporto e prosseguir com aquele incrível cakewalk dançando na ladeira

da memória da sala da sua segunda mulher. Minha reação instintiva, defensiva, foi achar que o sujeito tinha viajado, como se diz... improvisado, inventado o diálogo... Nossa, ele talvez tenha criado cenas inteiras, o nojento inescrupuloso... O engraçado é que essa foi precisamente a reação que incontáveis jornalistas e intelectuais da literatura teriam ao longo dos nove anos seguintes, à medida que o Novo Jornalismo ganhava força.

Apesar do alvoroço que o Novo Jornalismo provocou nas duas áreas, Truman Capote, um ícone da época, colocou um laço dourado no movimento:

> contando a vida e a morte de dois vagabundos que estouraram a cabeça de uma rica família rural em Kansas, foi publicada em capítulos na The New Yorker no outono de 1965, e saiu em forma de livro em fevereiro de 66. Foi uma sensação e um baque terrível para todos os que esperavam que o maldito Novo Jornalismo ou Parajornalismo se esgotasse como moda. (Wolfe, 2005, p. 45)

Segundo Lima (2009), esse gênero de escrita do Novo Jornalismo têm algumas **características** específicas, que podem ser reconhecidas em certos textos ainda hoje:

- A narrativa é baseada no realismo social, praticado nas produções de Honoré de Balzac, Henry Fielding, Charles Dickens e Tobias Smollett, em que os escritores se apoiavam na realidade da comunidade ao seu redor para criar as histórias.
- O aspecto autobiográfico é comum às narrativas do Novo Jornalismo. A visão é assumidamente do jornalista, ou seja, ele não é invisível e se pode sentir a presença dele no fato. Porém, muitas vezes, usa a terceira pessoa para posicionar a cena.
- As cores, a temperatura, a padronagem dos tecidos, o clima, as relações sociais, as regras de socialização, entre outros detalhes, são usados para compor a cena real e propiciar ao leitor mais ferramentas para a visualização do fato. Foge-se do estritamente necessário, da objetividade forçada, para amplificar-se em direção à literatura e oferecer uma dimensão subjetiva.
- Na montagem cena a cena, foge-se da narração simples. O jornalista constrói a cena com recursos testemunhais e requintes descritivos.
- O uso de diálogos potencializa as descrições. Segundo Wolfe (2005), Dickens tinha a habilidade de usar o diálogo para construir os personagens. Outro ponto que esse autor entende como força do diálogo é o comprometimento do leitor com a leitura. Para ele, o uso do diálogo realista é mais envolvente que a narração em si.

- A prática do mergulho no fato, de maneira incansável, é o que se pode resgatar de mais elementar no Novo Jornalismo. Por exemplo: durante cinco anos, Truman Capote visitou um dos irmãos Smith na cadeia para descobrir todos os detalhes do assassinato da família Clutter.

∴ Principais expoentes do Novo Jornalismo

Gay Talese

Gay Talese nasceu em Nova Jersey, nos Estados Unidos, em 1932. Para Wolfe (2005), Talese deu o pontapé inicial no gênero com a publicação de "Joe Louis at Fifty" na revista *Esquire*, em 1962. Ele descreveu a decadência do boxeador Joe Louis por meio do diálogo com sua quarta esposa no aeroporto. Tem treze livros publicados, incluindo coletâneas de reportagens – seis deles foram lançados no Brasil –, além de inúmeras grandes reportagens. Para escrever a obra *A mulher do próximo*, de 1980, foram necessários nove anos de pesquisas e vivências. Talese fez um estudo sobre a vida sexual americana e, enquanto produzia o material, viveu em uma comunidade nudista na Califórnia e gerenciou duas casas de massagem.

Tom Wolfe

Tom Wolfe nasceu em Richmond (Virgínia), nos Estados Unidos, em 1931. Considerado o nome mais famoso do Novo Jornalismo, escreveu uma reflexão sobre a ruptura dos padrões estilísticos tanto no jornalismo quanto na literatura. Navegando entre os dois mundos, Wolfe é autor do clássico *A fogueira das vaidades*, lançado em 1990, e de outros três livros de ficção. Na seara do realismo, tem mais de 15 obras editadas, entre elas coletâneas dos próprios textos e de publicações dos colegas do Novo Jornalismo.

Norman Mailer

Norman Mailer nasceu em Branch, nos Estados Unidos, em 1923, e faleceu em Nova York, em 2007. Tem 12 livros publicados de ficção e mais de 18 de não ficção. Ele escreveu bastante sobre a Guerra do Vietnã e fatos de guerra e acabou sendo preso em virtude de seu ativismo contra o conflito. Sua publicação de maior destaque é a biografia de Marilyn Monroe, na qual afirma que a morte da jovem atriz pode ter sido encomendada pelo FBI e pela CIA, porque ela mantinha um caso com o Presidente Kennedy.

Truman Capote

Truman Capote nasceu em Nova Orleans, nos Estados Unidos, em 1924, e faleceu em Los Angeles, em 1984. *Excêntrico* talvez seja a palavra que melhor explica Capote, mas não na totalidade. Era o que mais se considerava escritor – e não jornalista – dos expoentes do Novo Jornalismo e, ironicamente, foi o responsável pela publicação ícone dessa corrente, a obra *A sangue frio*, de 1966. Publicou outros quatro livros e inúmeros contos e crônicas.

5.3
Jornalismo alternativo

Como o próprio nome demonstra, o jornalismo alternativo coloca-se como diverso do vigente. Apesar de existir desde os primórdios da história do Brasil, seu conceito foi estudado em um momento muito específico no país e, hoje, está se reconfigurando e tomando outros formatos.

Nesse sentido, pode-se considerar *alternativo* tudo o que escapa a essa construção empresarial de concessão pública com poder declarado. Nos idos da ditadura militar, em vez de atenderem à comunidade, esses veículos serviam a seus próprios interesses; por isso, surgiram outras formas de espalhar a informação. Muitas delas eram ilegais para o período, mas tinham o intuito de divulgar o outro lado dos fatos. Assim, nas décadas de 1970 e 1980, o jornalismo alternativo podia ser considerado um contraponto ao hegemônico, bem como ao sistema de governo, à organização social e à ideologia da época.

> Em contraste com a complacência da grande imprensa para com a ditadura militar, os jornais alternativos cobravam com veemência a restauração da democracia e do respeito aos direitos humanos e faziam a crítica do modelo econômico. Inclusive nos anos de seu aparente sucesso, durante o chamado "milagre econômico", de 1968 a 1973. Destoavam,

assim, do discurso triunfalista do governo ecoado pela grande imprensa, gerando todo um discurso alternativo. Opunham-se por princípio ao discurso oficial.

[...]

A imprensa alternativa surgiu da articulação de duas forças igualmente compulsivas: o desejo das esquerdas de protagonizar as transformações que propunham e a busca, por jornalistas e intelectuais, de espaços alternativos à grande imprensa e à universidade. É na dupla oposição ao sistema representado pelo regime militar e às limitações à produção intelectual jornalística sob o autoritarismo que se encontra o nexo dessa articulação entre jornalistas, intelectuais e ativistas políticos. Compartilhavam, em grande parte, um mesmo imaginário social, ou seja, um mesmo conjunto de crenças, significações e desejos, alguns conscientes e até expressos na forma de uma ideologia, outros ocultos, na forma de um inconsciente coletivo. (Kucinski, 2001, p. 5-6)

O jornalismo alternativo também tentava dar pluraridade ao que era, e ainda é, uma ditadura: a concentração dos veículos de comunicação em pouquíssimas mãos.

Levantamento exclusivo do Fórum Nacional pela Democratização da Comunicação (FNDC) revela que seis das principais redes privadas nacionais (Globo, SBT, Record, Bandeirantes, Rede TV!, CNT) estão vinculadas entre canais próprios e afiliadas, que representam 263 das 332 emissoras brasileiras de TV. Pelos dados do Ministério das Comunicações, duas destas redes exorbitam o número de emissoras próprias permitidas pela lei (e-Fórum 56, 2005). (Guareschi; Biz, 2005, p. 84)

Mais de 30 anos depois da abertura para um governo democrático, é hora de rever o conceito de *jornalismo alternativo*. Convém destacarmos que ele existe, e tem conceituação própria, mesmo em países que não passaram por uma ditadura – o que comumente força o estabelecimento do alternativo, porque, nesse regime, o hegemônico é controlado pelo governo. Para Atton (2006, p. 12, tradução nossa), do Reino Unido, "uma publicação alternativa lida com a opinião de grupos minoritários; [...] expressa atitude hostil com relação às crenças amplamente espalhadas e [...] defende pontos de vista ou lida com assuntos que não têm cobertura em publicações disponíveis em bancas de jornais". Ou seja, o alternativo traz à tona o que não é dito pelos outros veículos e ainda foca nas minorias, que não são representadas normalmente.

Os autores brasileiros que estudam o assunto apresentam versões desse conceito mais aplicadas à nossa realidade. De acordo com Peruzzo (2008), a comunicação comunitária – que por vezes é denominada popular, alternativa ou participativa – se caracteriza por processos de comunicação baseados em princípios públicos, como não ter fins lucrativos, propiciar a participação ativa da população, ter – preferencialmente – propriedade coletiva e difundir conteúdos com a finalidade de desenvolver a educação, a cultura e ampliar a cidadania. Engloba os meios tecnológicos e outras modalidades de canais de expressão sob controle de associações comunitárias, movimentos e organizações sociais sem fins lucrativos. Por meio dela, em última instância, realiza-se o direito de comunicar ao garantir o acesso aos canais de comunicação. Trata-se não apenas do direito do cidadão à informação, enquanto receptor – tão presente quando se fala em grande mídia –, mas do direito ao acesso aos meios de comunicação na condição de produtor e difusor de conteúdos.

Com o advento da internet, muitos jornalistas e militantes entenderam que não ter uma concessão de TV ou rádio deixaria de ser um problema e reconheceram o alto custo de se manter um jornal impresso, já que a grande rede está ali, liberada para todo mundo falar o que tem vontade.

Historicamente, a política de concessões foi orientada para privilegiar as oligarquias e os monopólios. Se um jornal era dócil ao governo, seu dono ganhava uma concessão de rádio.

Se o jornal e a rádio eram dóceis, o dono ganhava uma televisão. O caso clássico foi o dos Diários Associados. Agora, se o jornal, a rádio e a televisão aberta são dóceis, o dono tem todas as chances de conseguir uma televisão a cabo. (Sobrinho, citado por Guareschi; Biz, 2005, p. 37)

Essa realidade complicou, de certa forma, a visualização das fronteiras entre o que seria alternativo e o que seria independente, curadoria, opinião, análise etc.

Algumas questões sempre acompanham os pesquisadores da área:

- A profissionalização é necessária, ou seja, é preciso contar com jornalistas formados na produção dos textos?
- O processo de produção jornalística, que inclui a checagem e a apuração dos dados, realmente tem como objetivo o equilíbrio do relato no que diz respeito à ideologia e à quantidade de informações? Qual seria esse ponto de equilíbrio?

A ciência, a investigação e a pesquisa estão aí para melhorar, questionar e derrubar o que está posto e, sobretudo, para encontrar uma verdade mais próxima da realidade. Conforme Oliveira (2009, p. 6),

A práxis jornalística alternativa tem como perspectiva a reconstrução da esfera pública a partir dos valores da igualdade de oportunidades, da equidade, da democracia radical e da subordinação dos interesses econômico-privados aos interesses coletivos. Não se trata apenas e tão somente de defesa dos valores da democracia institucional, mas de uma atitude radicalmente democrática, que passa pela abertura dos espaços midiáticos a todos os segmentos sociais, rompendo com o cerco da agenda de fontes oficiais; pela plena referência na produção das informações no sujeito-cidadão e não no sujeito-consumidor.

O campo de trabalho é vasto quando se fala do alternativo. Quem sabe não esteja aí o resgate das origens do verdadeiro jornalismo.

5.4
Jornalismo na era digital

O jornalismo feito na internet pode ser chamado de *ciberjornalismo, jornalismo on-line* ou *webjornalismo*. Em alguns casos, é o jornal impresso tentando sobreviver ou, ainda, a televisão e o rádio tateando esse outro ambiente, no qual tudo converge.

O jornalismo nunca mais será o mesmo depois da era digital. O estilo muda, as plataformas convergem e o tempo e o espaço já não fazem mais tanta diferença. Graças à internet, podem-se reunir em um único ambiente o texto escrito, a fotografia, o som, a animação e o infográfico. Na cobertura de um assunto específico que merece ampla abordagem, é possível o uso de todos esses suportes.

Dois outros fatores alteram, de maneira drástica, o processo de produção jornalística no meio digital: o receptor **escolhe** o que quer consumir de informação e lhe **responde** e a **produz** pela rede. A via de mão dupla nunca havia existido, pois os processos comunicacionais sempre foram um emaranhado de redes e teias. Porém, eles foram potencializados em um ambiente no qual todo mundo vira produtor e também receptor de informação. É possível dizer que os movimentos informacionais ficaram em mãos duplas – e triplas, e quádruplas – e à velocidade da luz, o que desafia o jornalista a ser muito diferente.

> Não demorou muito para que, em meio a tanto barulho, um ruído em especial chegasse, finalmente, aos ouvidos atentos dos profissionais de comunicação, deixando um recado muito claro: acabou a exclusividade do jornalista quanto à divulgação de informações. O fluxo da notícia, até então um monopólio de profissionais acostumados à via de mão única da comunicação, passa a ter um novo personagem, desafiando princípios consolidados da estrutura midiática e convidando o jornalista para um curioso debate, por que não, com o seu leitor.

Uma conversa difícil, é claro. Principalmente por se tratar de partes tão pouco inclinadas a encontros – ou confrontos – diretos. Os efeitos desse fenômeno estão bem ilustrados nas palavras do premiado jornalista inglês Simon Jenkins, que já chefiou publicações como *The Economist*, *The Times* e *The Guardian*. Em reflexões sobre o tema, Jenkins não hesita em declarar que o desafio do jornalismo convencional, na atualidade, é provar que qualidades como levantamento de notícias e confiabilidade são mais importantes que "um simples grito de opinião" e que possuem valor suficiente para fazer com que as pessoas paguem por essas informações. (Borges, 2007, p. 43)

É importante ter em mente que qualquer mentira ou informação mal-apurada se espalhará continuamente. Pense na seguinte situação: o jornalista deu uma "mancada" e, em seguida, corrigiu o erro ou apagou a reportagem. Além da possibilidade de alguém tê-la salvado, a reportagem fica armazenada em cache e pode ser recuperada a qualquer momento, até mesmo depois de anos. Portanto, não há esquecimento definitivo.

Para entender essa mudança de comportamento em relação ao uso da tecnologia é preciso ter um olhar antropológico para a fase neobarroca em que vivemos. A troca do espaço físico pelo espaço ideal, que muitas vezes pode ser apenas espaço virtual, faz com que a informação seja "divulgada muito mais rapidamente do que antes, de maneira que, se a pesca de atum mata golfinhos ou um suéter é fabricado em condições desumanas em algum lugar perdido do planeta, os agentes econômicos precisam levar isso em consideração ou vão perder negócios", afirma o cientista político André de Mello e Souza, da PUC-Rio, lembrando que os grupos de ativistas têm hoje muito mais peso do que antes.

Essas redes sociais, entrelaçadas em verdadeiros rizomas hipertextuais estão ajudando na transformação urbana em um século de crescimento exponencial de informação. (Ferrari, 2010, p. 21)

Nessa grande rede, os plágios, por exemplo, são revelados com uma rapidez impressionante. A apropriação indevida do conteúdo criado por outrem (capa, *layout*, texto etc.) é percebida e escancarada com uma velocidade impressionante. É vergonhoso ver jornalistas copiando, *ipsis litteris*, os colegas sem lhes atribuir o crédito devido.

Na era da informação, todos querem prover o público de conteúdo. Afinal, quanto mais visualizações e *likes*, melhor. O que mudou, especificamente, dos tempos antigos para os atuais é que o leitor/ouvinte/telespectador já têm condições de escolher o que quer consumir[4].

> Um bloco de diferentes informações interconectadas é um hipertexto, que, ao utilizar nós ou elos associativos (os chamados links) consegue moldar a rede hipertextual, permitindo que o leitor decida e avance sua leitura do modo que quiser, sem ser obrigado a seguir uma ordem linear. Na internet não nos comportamos como se estivéssemos lendo um livro, com começo, meio e fim. Saltamos de um lugar para outro – seja na mesma página, em páginas diferentes, línguas distintas, países distantes etc. (Ferrari, 2010, p. 44)

Nesse ambiente, o jornalismo factual (instantâneo), com muita opinião, e o jornalismo de profundidade (incluem-se aí as grandes reportagens) podem conviver em harmonia. O mais interessante é que não há problema de espaço para a publicação das informações, como acontece com os impressos, nem limite de tempo, como ocorre com o rádio e a TV.

A internet possibilita uma interação rápida e facilitada entre os usuários. Se o jornalista posta uma notícia ou um vídeo nas redes sociais, por exemplo, pessoas de todas as partes do mundo

---

4   É claro que há algorítmos que são usados na grande rede para ofertar assuntos às pessoas, e eles tentam induzir algumas dessas escolhas.

podem escrever comentários posicionando-se com relação ao que foi mencionado. Se o canal tiver muitos seguidores, em menos de um minuto haverá pessoas respondendo à postagem ou comentando-a. Se ela for escrita em inglês, as chances de se internacionalizar em minutos aumentam muito.

A digitalização dos processos jornalísticos virou o mundo de ponta-cabeça, até porque há quem diga que todos os indivíduos podem ser um pouco jornalistas. Atualmente, por meio de dispositivos móveis, como *tablets* e *smartphones*, as pessoas podem ler notícias no ônibus, no trem, no *shopping*, na praça etc. e, portanto, não precisam aguardar o telejornal da noite para se informar; durante o dia inteiro, elas podem buscar informações sobre qualquer assunto.

Você se lembra do caso de afogamento envolvendo o ator Domingos Montagner em 2016? Uma hora depois que ele desapareceu, diversos portais e *sites* já comentavam o ocorrido. Mas de onde surgiram tantas informações? Certamente, as testemunhas repassaram informações a algumas pessoas, que as compartilharam com outras, até chegarem aos jornalistas. Quando o corpo foi encontrado, o Brasil inteiro estava a par das buscas e centenas de pessoas divulgavam abordagens diferenciadas do fato.

Uma imagem capturada por uma câmera de celular pode ser o pontapé inicial para a produção de uma matéria para a internet, veículo mais instantâneo que a TV. Depois reverberam as análises e os detalhes do fato, os infográficos, as entrevistas com especialistas etc.

Perguntas & respostas

Se a internet é tão fabulosa assim, por que ainda não substituiu todos os outros veículos?

É necessário que todo mundo tenha acesso a essa plataforma, mesmo nos lugares mais afastados, para que ela comece a ameaçar as outras. E isso vai acontecer, mas devagar. A concentração de acesso funciona exatamente como a concentração das pessoas nas cidades, ou seja, é determinada pela concentração dos recursos.

Para o jornalista, o desafio está em realizar uma produção minuciosa e, ao mesmo tempo, rápida. Como explicamos, os erros custam caro, na medida em que podem ser lembrados por anos, mesmo quando são corrigidos em poucos minutos.

A imprensa se torna móvel, ou seja, multijornalistas carregam um *notebook* com roteador *wireless* e uma câmera de foto e vídeo com boa resolução e, em uma mesma saída, fazem os vídeos, escrevem as matérias e as publicam. Como o jornalista faz o papel de três ou quatro em uma produção, as redações minimizam os gastos com pessoal.

Esse profissional precisa se familiarizar e navegar com propriedade em *blogs* – muitos são de profissionais da grande imprensa –, no YouTube, no Twitter e no Instagram. Além disso, deve estar ciente de que, nesse novo cenário, tudo é "para ontem", isto é, espaço e tamanho perderam importância, mas tempo é fundamental.

5.5 Diferentes inserções do jornalismo como profissão

Para quem gosta de estar no olho do furacão, ou seja, no centro dos acontecimentos (passeatas, guerras, ataques terroristas, terremotos etc.), as **agências de notícias** são uma boa opção de trabalho. Para atuar nesse meio, o profissional precisa estar disposto a trabalhar em horários alternativos e falar, pelo menos, uma língua estrangeira fluentemente. Como as agências alimentam boa parte dos jornais impressos, das rádios e das televisões, acabam sendo as primeiras a cobrir boa parte dos fatos globais.

Alguns veículos de comunicação mantêm também **correspondentes internacionais**. Nesse caso, o jornalista deve dominar a língua do país em que atua ou falar inglês fluentemente para cumprir as pautas determinadas pela emissora. O profissional serve como uma ponte entre a região de sua cobertura e o Brasil; portanto, precisa traduzir as culturas, os costumes e outras tradições locais, pois seu público está aqui, e não lá. Esse tipo de atividade requer que o jornalista esteja a par dos assuntos em voga, por isso deve acompanhar as notícias divulgadas pelos diversos meios de comunicação.

Caso o jornalista queira entrar no mercado de mansinho, ele pode fazer *clipping*. Embora muitos considerem esse trabalho chato e o reneguem a segundo plano, existem jornalistas bem-sucedidos nessa atividade que estão montando empresas voltadas à elaboração de gráficos para avaliar a imagem de seus clientes nos veículos tradicionais, especialmente no jornal impresso, e na internet. Ao ler textos escritos por colegas de profissão, o jornalista vai adquirindo mais experiência, até mesmo no que diz respeito à organização de *layouts*. Em resumo, o profissional que assume essa função é pago para ler.

Enquanto o *clipping* é tratado por muitos como uma obrigação enfadonha, a posição que historicamente tem mais *glamour* é a de **repórter**. De modo geral, o pauteiro prepara uma pauta com os assuntos que o repórter deve apurar para a realização da matéria – o que cobrir, onde, como etc. Porém, o repórter pode ater-se também a alguma história com que tenha se deparado na rua; nesse caso, precisa verificar com o editor se é possível cobri-la, ou seja, os dois devem discutir os valores-notícia dela.

O repórter nem sempre dispõe de tempo ou de recursos adequados para elaborar seus textos da maneira ideal e, muitas vezes, produz as reportagens na própria redação, porque não há carro para todos os jornalistas, há matérias mais importantes etc.

Mesmo assim, o texto precisa ser rápido e impecável, e as informações, checadas.

Os jornalistas mais experientes podem ser **pauteiros** também. Como eles já cobriram inúmeros fatos fora da redação, sabem exatamente as informações que devem colocar na pauta para poupar o tempo do repórter. Em geral, assim que o evento é comunicado à redação, o pauteiro faz uma pré-coleta de informações (nome completo e endereço dos envolvidos, o que realmente aconteceu, com quem falar), principalmente quando o repórter está escrevendo outro texto. Em suma, o pauteiro deixa as coisas prontas para que o repórter as cumpra.

Outra função que exige muita experiência por parte do jornalista é a de **editor**. Esse profissional pode ser especialista em dada editoria ou atuar em todo o jornal. É ele quem comanda a orquestra, avaliando quais textos estão suficientemente bons para ser publicados. Além disso, pode pedir ao repórter que corrija ou exclua uma informação ou, até mesmo, derrubar uma matéria para colocar outra no lugar. É também o *gatekeeper*, aquele que decide quais pautas serão cumpridas e, principalmente, quais estão de acordo com a linha do jornal (ou com a posição do dono).

Além disso, o jornalista pode ser **repórter fotográfico**. Em geral, em veículos pequenos, ele também escreve o texto, o que é um sinal do mercado enxuto. Nesse âmbito, ainda há o **repórter cinematográfico**, que normalmente acompanha o repórter de TV. Enquanto um está tomando conhecimento de tudo, o outro faz imagens para cobrir os textos, o que é chamado de *off*.

Na TV ainda há o âncora e o **apresentador**. O primeiro tem mais liberdade para comentar os fatos e emitir opinião, e o segundo precisa ser objetivo, até mesmo quando entrevista alguém no estúdio. Muitas pessoas pensam que esses profissionais apenas sentam na bancada e leem um papel ou o *teleprompter* (TP), mas não é nada disso. Em geral, conhecem todas as notícias que vão ao ar, editam as cabeças (chamadas) das matérias e organizam o espelho com o editor – muitas vezes, eles próprios são os editores.

No rádio, há o **locutor-apresentador**, anfitrião de todos aqueles que transmitem informações ao vivo, matérias gravadas ou entrevistas.

No tocante às mídias de internet, a atuação dos **editores de conteúdo** é essencial. Esses "guardiões dos hipertextos" leem todas as matérias e decidem os pontos a serem enfatizados. Os portais, assim como o jornal impresso, a TV e o rádio, contam com o trabalho de repórteres, pauteiros etc. Contudo, para economizar, boa parte dos veículos pede ao repórter que escreveu para o jornal que edite seu texto para colocá-lo na internet.

Há também jornalistas que trabalham para as mídias sociais. Os **criadores de conteúdos** produzem pequenos vídeos informacionais sobre o *business core* (negócio central) de empresas, instituições e organizações. Em muitos casos, funcionam como relações-públicas, fazendo a ponte da instituição com o público.

Há ainda os **curadores de notícias**. Esses profissionais selecionam as notícias que devem ser lidas por determinados públicos e colocam esses textos e informações em um veículo específico ou entregam a clientes. Seu trabalho é essencialmente selecionar notícias por interesse ou assunto. Muitos veículos digitais fazem a curadoria de notícias, ou seja, escolhem-nas e, muitas vezes, editam-nas para seu público. Um exemplo é o *Huffington Post Brasil*. O *site Bendle* vai mais longe, distribuindo a seus clientes notícias organizadas por grupos de interesse – apesar de ser holandês, é apresentado em língua inglesa. Ele faz a assinatura de inúmeros veículos *on-line* ao redor do mundo, e os clientes efetuam minipagamentos para acessar determinados materiais – cada um no valor de 25 centavos, aproximadamente. Seria um *pay-per-view* de artigos produzidos por revistas e jornais renomados nacional e internacionalmente. É uma ideia brilhante em um mundo onde há informação demais e seleção de menos. Em vez de o leitor comprar um periódico cheio de notícias que não lhe interessam, ele adquire apenas os textos que realmente deseja e paga só por isso. Essa proposta surgiu em 2014, cofinanciada pelo governo holandês, e, em 2016, foi lançada nos Estados Unidos.

O mercado ainda absorve o *mediatraining* e o **assessor de imprensa**. Muitas vezes, é o relações-públicas que faz esse treinamento para a mídia, com grandes líderes de empresa e políticos em geral. Porém, o jornalista tem algo a mais: a sensibilidade de alguém que trabalhou nas redações e realizou diversas entrevistas e, portanto, tem propriedade para preparar esse pessoal. Como assessor de imprensa, sua missão é encontrar notícias sobre a organização ou a vida desse profissional e enviá-las às redações como sugestões de pauta. Vale ressaltarmos que esse mercado está em franca expansão e tem ajudado a encolher as equipes. Boa parte do material publicado nos veículos em geral vem direto das assessorias de imprensa.

Há ainda muitos jornalistas trabalhando como **documentaristas**, **roteiristas** ou **produtores de cinema**, principalmente na área de pesquisa e preparação/planejamento.

Você deve ter percebido que o jornalista pode exercer as mais variadas funções e, em qualquer uma delas, um dos requisitos básicos é ser competente na escrita de textos.

Síntese

Neste capítulo, analisamos a ética e a responsabilidade na prática profissional, desafios importantes para qualquer jornalista. Por meio de estudos de caso, mostramos que se colocar no lugar do outro e, ao mesmo tempo, saber o que se deve informar é mais complicado do que parece. Atualmente, precisamos de jornalistas que entendam o alcance de seu trabalho e os riscos e problemas que podem trazer para os personagens de uma notícia. A dica para se dar bem nessa atividade é manter o profissionalismo e exercitar a empatia.

Discorremos também sobre o Novo Jornalismo e apresentamos profissionais importantes desse movimento. Surgido em uma época de muitas transformações, tem determinado, ainda hoje, a ação de jornalistas que produzem textos mais elaborados e se utilizam de recursos da literatura para expor a realidade. Assim, concluímos que o Novo Jornalismo veio para ficar.

Explicamos o papel do jornalismo alternativo, que introduz novos temas, linguagens e vozes aos processos de produção de notícias, diferentes dos verificados no jornalismo tradicional.

Por fim, refletimos sobre a inserção do jornalismo no mundo digital, entendendo que fatores como espaço e tempo foram relativizados. A convergência propiciada por esse meio pode ameaçar, de certa forma, os demais veículos, visto que abre inúmeras possibilidades aos usuários da internet. Muitas vozes que não se faziam presentes em outros meios são ouvidas na grande rede. Mostramos ainda que, no ambiente virtual, não há como apagar um erro definitivamente, pois o texto fica armazenado em cache e pode ser recuperado até mesmo depois de anos.

Embora haja muitas oportunidades de trabalho nessa área, uma séria questão precisa ser resolvida: garantir o acesso à internet ao maior número possível de pessoas. Em suma, um mundo bem diferente está se abrindo à atividade jornalística.

Questões para revisão

1. Em sua opinião, qual seria a fórmula para garantir o exercício da ética e da responsabilidade nas coberturas jornalísticas? Como a fiscalização poderia ser feita?

2. Mencionamos que a curadoria de notícias ganhou espaço como trabalho jornalístico. Que habilidades o jornalista deve ter para exercer essa função?

3. Como se chama o documento que sinaliza o início dos processos de coleta e checagem de informações, as quais, posteriormente, se transformam em notícia?
   a) Relatório de Ibope.
   b) Tráfego do *site* do veículo.
   c) Pauta.
   d) *Script* do apresentador de TV.
   e) *Off* da matéria.

4. Sobre o texto da internet, Ferrari (2010, p. 44) explica que

   > Um bloco de diferentes informações interconectadas é um hipertexto, que, ao utilizar nós ou elos associativos (os chamados links), consegue moldar a rede hipertextual, permitindo que o leitor decida e avance sua leitura do modo que quiser, sem ser obrigado a seguir uma ordem linear. Na internet não

nos comportamos como se estivéssemos lendo um livro, com começo, meio e fim. Saltamos de um lugar para o outro – seja na mesma página, seja em páginas diferentes, línguas distintas, países distantes, etc.

Com base nesse trecho, é possível inferir que:

a) na internet, a leitura de um texto nunca será feita da mesma forma por diferentes usuários.
b) o leitor fica motivado pelo quebra-cabeça informacional.
c) o hipertexto mostra um caminho infinito de informações, porque, como o nome indica, é hiper, extremamente grande.
d) a leitura na internet é entrecortada, com espaços em branco para o descanso dos olhos.
e) o texto da internet é muito diferente do do livro porque não é possível virar as páginas.

5. O conceito de *jornalismo alternativo*, estudado nos anos 1970 e 1980, tinha bem clara a dualidade social vivida naquela época no país. Esse jornalismo era uma alternativa:

a) aos veículos internacionais.
b) às notícias que tinham textos muito complexos.
c) aos veículos chamados *hegemônicos* ou *tradicionais*.
d) à má produção realizada pelas TVs.
e) a um jornalismo que não checava as informações dos fatos.

Capítulo
06
Para refletir sobre jornalismo

Conteúdos do capítulo:

- Perfil profissional do jornalista.
- Responsabilidades e riscos da profissão.
- Consumo da informação.
- Jornalismo de massa.
- Jornalismo segmentado.

Após o estudo deste capítulo, você será capaz de:

1. identificar as principais características do perfil do profissional jornalista;
2. compreender as responsabilidades e os riscos da profissão;
3. dissertar sobre o consumo da informação;
4. distinguir o jornalismo de massa do segmentado.

Neste capítulo, faremos elucubrações sobre o perfil do profissional jornalista e reflexões acerca das responsabilidades e dos riscos dessa profissão. Além disso, analisaremos o consumo da informação nos dias atuais e lançaremos mão de ideias sobre o jornalismo de massa e o jornalismo segmentado.

6.1
Perfil profissional do jornalista

Há muitas publicações que se ocupam de desenhar o perfil do profissional jornalista atual. Traquina (2008) percebeu que a idade média dos jornalistas baixou e a procura por graduação e especialização – formação escolar técnica e teórica – nessa área aumentou. Além disso, o número de mulheres interessadas em seguir essa profissão é superior ao de homens.

Nesta seção, em vez de nos basearmos em um cenário global, macro, julgamos mais proveitoso refletir sobre questões locais, mais próximas de sua realidade. Aliás, você deve ter percebido quanto usamos, no decorrer desta obra, a palavra *reflexão*. E esse uso não é à toa, pois o pensamento reflexivo é base estrutural de um bom jornalista. Agora, vamos abrir um parêntese para mais um relato pessoal.

> Há algum tempo, conversei com o editor de um jornal de uma pequena cidade dos Estados Unidos, com cerca de 5 mil habitantes. Na ocasião, ele me disse que poderia sair na rua e ensinar qualquer pessoa a ser repórter. Para ele, padrão é padrão, e reportar um fato é algo muito fácil de se aprender. Por outro lado, ele afirmou que não há como ensinar alguém a ter aquela curiosidade que instiga. A gana de perguntar, tentar descobrir, querer saber é inerente ao jornalista por excelência.

Nos Estados Unidos, não é necessário ser formado para exercer o jornalismo. Já no Brasil, a Federação Nacional dos Jornalistas (Fenaj) e os sindicatos lutam para que somente pessoas formadas atuem na área. Convém ressaltarmos que o cenário midiático brasileiro é bem diferente do norte-americano.

A discussão sobre a obrigatoriedade do diploma para o exercício da profissão no Brasil tem fundos e reflexos mercadológicos. Há poucos veículos nas mãos de famílias com alto poder econômico, obtidos por concessões públicas, e muitos outros nas mãos de políticos, o que favorece a manipulação de versões dos fatos e o controle da informação que é divulgada ao público. Assim, a tais grupos não interessa ter pessoal formado trabalhando nesses locais, e a atividade, que exige uma reflexão apurada dos fatos e uma visão elaborada de mundo, é executada por pessoas que, supostamente, não têm preparo técnico. Diante disso, os organismos que regulam as relações de trabalho acabam enfraquecendo, o que é bom para os donos de veículos, que se sentem no direito de pagar remunerações muito inferiores ao piso salarial negociado em cada estado.

Perguntas & respostas

Por que essa diferença entre os Estados Unidos e o Brasil no que se refere à obrigatoriedade do diploma de jornalista?

Nos Estados Unidos, há inúmeras opções de veículos de notícias, o que representa uma pulverização das coberturas. Eles competem de maneira muito agressiva pela atenção do público, a fim de fidelizá-lo. Logo, aqueles que não são competentes no que fazem perdem mercado, dinheiro e espaço. O editor do veículo deve se mostrar capaz de desempenhar essa função, e o texto do repórter só será publicado se for realmente bom, porque aquele é responsável pelo trabalho deste de forma muito mais assertiva que no Brasil. Nosso país tem muito a melhorar no que diz respeito à democratização dos meios de comunicação. A formação na área é importante, mas o fator-chave para se fazer um bom jornalismo é o esforço pessoal.

Voltemos à conversa com o editor americano sobre o perfil do repórter. Algumas qualidades são essenciais a esse profissional, como:

- ser um curioso nato;
- ter vontade de "virar o mundo de pernas para o ar" para explicar como tudo é feito;
- gostar de perguntar, pesquisar muito e não ter vergonha de não saber algo;
- não ter preguiça;
- querer sempre encontrar uma informação importante ou uma fonte que valorize o relato;
- entender que todos os assuntos podem ser apreendidos além do que já se sabe.

Agora que já mencionamos as qualidades que o jornalista deve ter, cabe destacarmos um defeito comum à classe: a arrogância. Talvez essa atitude tenha a ver com o fato de receber informações detalhadas sobre diversos assuntos antes dos demais seres humanos. Pode também estar relacionada à produção das notícias, processo que é um ilustre desconhecido da maioria do público. O ideal seria que toda a sociedade soubesse como as notícias são feitas, o que contribuiria para uma leitura crítica dos conteúdos oferecidos pelos meios de comunicação.

Independentemente de onde vem, a arrogância é uma armadilha muito complicada, pois nubla a visão do jornalista, que acaba não enxergando o fato pelos vieses que deveria. Em geral, essa petulância de pensar que já sabe tudo sobre algo alimenta pressupostos, isto é, prejulgamentos; isso faz com que o profissional não exercite o poder de escuta e não preste a devida atenção no acontecido. Portanto, o autoconhecimento é muito importante para que o jornalista saiba em que realmente acredita e se dispa de preconcepções na hora de escrever um texto.

O estudo de caso a seguir (fictício) apresenta uma situação que, infelizmente, ocorre com mais frequência do que imaginamos.

Estudo de caso

Um jornalista está na delegacia para cobrir os casos que aparecem por lá. De repente, surge um caso de violência doméstica: o marido bateu na esposa por ciúmes do vizinho e a deixou toda roxa e inchada. A vítima foi à delegacia fazer uma denúncia e, ao olhar para ela, o repórter reparou em sua roupa (minissaia e decote provocativo) e também em seus trejeitos sensuais de jogar o cabelo. Por questões culturais e sociais, em uma sociedade patriarcal, certamente muitas pessoas – inclusive o jornalista – pensam que a agressão só aconteceu por causa das vestimentas e do comportamento da mulher, ou seja, ela foi a culpada.

Não estamos dizendo que as pessoas têm esse pensamento porque são ruins, mas que esse tipo de julgamento é praticamente automático em uma sociedade machista como a brasileira. Quase todo mundo é, em algum grau, machista; porém, quando o indivíduo tem consciência desse comportamento que paira sobre a sociedade, fica mais fácil despir-se racionalmente e, no caso do jornalista, elaborar um texto mais equilibrado e correto do ponto de vista ético.

Vamos analisar a situação de maneira lógica: ninguém tem o direito de agredir outrem, não importa o motivo. Nas sociedades democráticas, em que todos são iguais perante a lei, não há justificativa para a violência, nem em casa, nem no trânsito, nem em lugar algum.

É fundamental que o jornalista esteja livre de preconceitos e prejulgamentos para apresentar o fato como ele realmente é: a violência de um ser humano contra outro. O marido não tem a posse da esposa e vice-versa e, portanto, é inaceitável a agressão física de um contra o outro.

Ao analisar as notícias veiculadas diariamente em jornais, na TV e no rádio, é possível perceber como o jornalismo contribui para a manutenção dos preconceitos de raça e de classe, das diferenças sociais, entre outros problemas. Quando apenas reproduz o que está aí, o jornalista não usa seu poder de atingir as pessoas para tornar o mundo melhor, pelo contrário, é só mais um, isto é, parte da engrenagem do sistema. Mesmo na correria diária, é fundamental que os atores do fazer jornalístico pensem de maneira crítica e lógica, para, assim, fazer uma revolução a partir da prática.

O jornalista precisa ter intimidade com o texto, com a língua, (re)construindo os significados do que precisa ser dito. Para isso, é necessário escrever e ler muito, dedicando-se à leitura não apenas de materiais da área, mas também relacionados a outros saberes. Ele deve também analisar o estilo de escrita dos profissionais que admira e assistir a diversos filmes, documentários ou vídeos, sempre sedento por conhecimentos presentes nos textos orais ou escritos ou por experiências.

Na hora de produzir seu relato, o jornalista não pode ter preguiça de reler, reescrever, reordenar ou reorganizar os parágrafos. Seu trabalho pode ser comparado ao de um engenheiro, que planeja cuidadosamente os melhores lugares para a colocação das paredes em uma casa.

Um texto sempre pode ser melhorado. O jornalista pode passar dias revendo sua escrita, mas, em determinado momento, deve "desistir" da edição desse texto e publicá-lo. Muitos professores corrigem e reeditam os textos dos alunos de Jornalismo, que não entendem o porquê de tantas mudanças.

Em geral, o que faz o jornalista desistir de um texto é a *deadline* – hora-limite para sua publicação. Quando esse prazo de produção é curto, ele pode não ter tempo de checar bem as informações, o que aumenta as chances de equivocar-se. Por isso, é natural que outra pessoa precise mexer um pouco mais nesse texto ou que o próprio autor, caso tenha a oportunidade de reavê-lo, queira fazer alguns ajustes. O processo é esse mesmo: um eterno fazer e refazer. É importante ter em mente que não existe certo ou errado nisso, mas o **sempre melhor**.

O jornalista precisa também saber lidar com as críticas relacionadas à sua produção. No começo da carreira, é muito difícil ouvir alguém dizendo, por exemplo, que trocar certa palavra por outra deixará o texto mais claro. Aquele que se entrega ao exercício da escrita tira algo de seu interior e o coloca no papel; por isso, é realmente complicado aceitar que determinada parte de si pode ser melhorada. Como o objetivo final é o público leitor, o jornalista tem de aprender a ouvir e aceitar que sua produção pode ser melhorada, ajustada, editada, corrigida e aprimorada.

Por fim, convém mencionarmos que esse perfil de profissional talvez não exista em sua totalidade. Entretanto, optamos por acreditar que há vários desses perfis em formação, visto que a área está carente de uma nova realidade.

6.2
Responsabilidades e riscos da profissão

Vamos dar uma voltinha na Idade Média? Os mensageiros dos nobres, em cima de seus cavalos, caminhavam milhares de quilômetros para entregar uma mensagem a outro monarca – estamos falando de pessoas com dinheiro, porque os pobres não tinham direito a correio. O fato de esses mensageiros chegarem ao outro reino já era considerado um problema, porque eles não eram dali e representavam outro nobre, de um local diferente.

As notícias ruins não eram bem recebidas por reis e rainhas coléricos, que, quase sempre, mandavam matar o mensageiro por enforcamento ou decapitação (como se isso acabasse com a notícia desagradável). A autoria dessa atividade é apontada a muitos monarcas, mas não se sabe, ao certo, quem foi seu precursor. A verdade é que a expressão se espalhou e, quando as pessoas não querem discutir determinado assunto, diz-se que elas preferem "matar o mensageiro", isto é, destruir o indivíduo que trouxe a notícia à tona. Essa expressão nem sempre é usada com sentido figurado e, muitas vezes, parece que ainda não saímos da Idade das Trevas. Os mensageiros de hoje – os jornalistas – continuam sendo mortos, talvez não pelas mesmas razões ou figuras de antigamente, mas por aqueles que não querem que a informação seja divulgada e a verdade seja discutida.

Para defender a liberdade de imprensa e proteger os jornalistas no mundo todo, foi criada na França a ONG Repórteres sem Fronteiras. Essa organização contabilizou, desde 2005, mais de 780 mortes no exercício da profissão. Somente em 2015, ocorreram 67 mortes, a maioria fora de zonas de conflito, em países considerados pacíficos (110 jornalistas..., 2015). No Brasil, a maioria das mortes acontece em pequenas cidades, quando os jornalistas ousam denunciar negócios escusos e maracutaias.

Em 2015, o Brasil ocupava a 99ª posição no Ranking Mundial da Liberdade de Imprensa, instituído pela organização Repórteres sem Fronteiras. Porém, em 2016, o país caiu cinco posições, ficando em 104º lugar entre os 180 países avaliados. Quais são as razões por trás dessa queda?

> No Brasil, os principais obstáculos à liberdade de imprensa, assim como o clima de desconfiança em relação aos jornalistas, se aprofundaram ainda mais com a recessão econômica e a instabilidade política que atravessa o país.
>
> O cenário midiático continua caracterizado pela grande concentração da propriedade dos meios de comunicação nas mãos de algumas poucas grandes famílias e indústrias, que em muitos casos têm relações estreitas com políticos ou ainda que detêm eles mesmos, direta ou indiretamente, cargos eletivos, como governadores e parlamentares. Assim, o fenômeno

do "coronelismo eletrônico", descrito pela RSF no seu relatório "O país dos 30 Berlusconis" (2013), segue como uma realidade premente no cenário brasileiro. Como consequência, existe uma forte dependência dos meios de comunicação em geral em relação aos centros de poder.

A cobertura midiática da crise política, em particular a partir do início do ano, evidencia essa situação. Os principais meios de comunicação nacionais agem de forma a convidar suas audiências a precipitarem a saída da Presidenta Dilma Rousseff do poder. É difícil para os jornalistas de grandes conglomerados de comunicação trabalharem de forma serena, sem sofrer influências de interesses privados e partidários. Esses conflitos de interesse permanentes são evidentemente prejudiciais à qualidade da informação difundida.

A ausência de mecanismos nacionais de proteção aos jornalistas ameaçados e o clima de impunidade, alimentado por uma corrupção onipresente, também ajuda[m] a explicar a queda do país no ranking da RSF. O Brasil é o terceiro país mais mortífero das Américas para os jornalistas, atrás apenas do México e de Honduras. Em 2015, sete jornalistas foram assassinados no país. Todos eles investigavam temas sensíveis, como a corrupção local ou o crime organizado. O grau de violência em algumas regiões, em particular as mais distantes dos grandes centros urbanos, torna a cobertura desses assuntos ainda mais perigosa. A impunidade que prevalece na maioria desses casos favoriza a multiplicação desses crimes.

Finalmente, as ações violentas perpetradas por agentes da polícia militar contra jornalistas durante manifestações também persistem. Os jornalistas locais, assim como os correspondentes internacionais que cobrem essas manifestações são frequentemente insultados, ameaçados e detidos arbitrariamente, quando não se tornam alvos dos próprios manifestantes que os associam aos proprietários dos meios de comunicação para os quais trabalham. (O Brasil..., 2016)

Em resumo, os riscos da profissão são grandes. Quando a violência não é direta, com mortes como resultado, há a violência cotidiana, que impossibilita o jornalista de realizar seu trabalho de maneira adequada.

A situação é ainda pior quando as jornalistas são mulheres. O número de casos de assédio em entrevistas ou, até mesmo, dentro das redações é assustador. É o que demonstram os dois exemplos a seguir:

1. Em 2016, uma repórter de um conhecido portal passou por uma situação constrangedora ao entrevistar um cantor de *funk*. Após a repercussão negativa do caso, o rapaz chorou e se disse arrependido. Já a empresa jornalística, que supostamente daria todo o apoio à jornalista, acabou demitindo-a

14 dias após a denúncia. Pouco tempo depois, o mesmo ocorreu com a editora que tornou o caso público (Gonçalves; Rodrigues, 2016).

2. Em 2013, uma estagiária de uma rádio de notícias acusou um jornalista de assédio sexual. Ela o denunciou e a equipe toda do veículo se uniu para defendê-la perante a direção da rádio. O caso, que se tornou público, mostrou que profissionais unidos são capazes de mudar, mesmo que aos poucos, o cenário cruel vivenciado por mulheres que querem ser jornalistas.

Para enfrentar situações como essas e seguir adiante, o jornalista precisa trabalhar com paixão e ter vontade de ver um mundo melhor. Ao se deparar com tais cenários, ele pode ou aderir à lógica de quem tem mais poder e manter as coisas como estão, ou aperfeiçoar-se cada vez mais, a ponto de ser respeitado por sua posição. Além da necessidade ética e mítica de sobreviver, Bucci (2009, p. 10) esclarece que o jornalista tem a obrigação de ser livre:

> o jornalista não tem o direito de abdicar de sua liberdade. Para que se extraia mais clareza dessa máxima, e já adiantando em que termos ela não se confunde com o existencialismo, podemos subdividi-la em três proposições:
> - Os jornalistas e os órgãos de imprensa não têm o direito de não ser livres, não têm o direito de não demarcar a sua

- independência a cada pergunta que fazem, a cada passo que dão, a cada palavra que escrevem.
- Cultivar, exercer e tornar cada vez mais explícita a liberdade com que exercem o seu ofício é o primeiro e o mais alto dever dos profissionais da imprensa.
- Os jornalistas devem recusar qualquer vínculo, direto ou indireto, com instituições, causas ou interesses comerciais que possa acarretar – ou dar a impressão de que venha a acarretar – a captura do modo como veem, relatam e se relacionam com os fatos e as ideias que estão encarregados de cobrir.

Se compararmos os conteúdos apresentados no decorrer desta obra com essa declaração de Eugênio Bucci, certamente pensaremos que essa liberdade ideal não se encaixa na realidade mostrada. Por isso, o mito do jornalista herói é tão alimentado em filmes e quadrinhos.

6.3
Consumo da informação

Entre as décadas de 1940 e 1960, o formato de texto mais popular nos jornais impressos era o **nariz de cera** – construção da história de maneira cronológica. Leia, a seguir, um exemplo fictício de nariz de cera da década de 1950.

> **O secretário da Justiça tentou assassinar Alberto Juarez**
>
> Alberto Juarez estava caminhando com sua esposa no parque alto da cidade quando Vigêncio Luiz, atual secretário da Justiça do estado do Acre, protegido pelos trabucos de Lister Caldas, atirou-se sobre sua vítima tomado de furor homicida. Um homem do povo, logo em seguida, salvou a vida do pintor e entrou em luta corporal com Vigêncio – cena de banditismo em um dia eleitoral. As senhoras presentes no local, inclusive a respeitabilíssima Dona Rosa, esposa de Alberto, imploraram a mais senhores que acorressem ao acontecido. Alberto Juarez teve a vida milagrosamente salva graças à providencial ação de um homem do povo, altamente revoltado com aquele ato de covardia. A cidade inteira está inundada por revolta e indignação, e Alberto recebe um apoio caloroso e decidido das figuras mais representativas de Tomasina.

O nariz de cera ainda é usado em textos de revista, mas foi praticamente banido das demais redações, porque não condiz com os padrões da sociedade contemporânea.

Perguntas & respostas

Por que o nariz de cera não condiz com os padrões da sociedade contemporânea?

Nas décadas de 1940 a 1960, as pessoas que sabiam ler, e tinham tempo para isso, eram consideradas privilegiadas. O ritmo da sociedade como um todo era de produção da informação de maneira paulatina e regrada. O consumo da informação, portanto, também seguia essa lógica mais cronológica e recheada de juízos de valor.

Em virtude do aceleramento da produção, do consumo de informação e da sociedade como um todo, propulsionado pelas inovações tecnológicas, surgiu a necessidade de um texto objetivo, que vá direto ao assunto, favorecendo o consumo rápido da informação.

O intuito é que, já nos primeiros parágrafos, as pessoas ficassem sabendo o que estava acontecendo, o suprassumo do fato. Daí nasceu a técnica da **pirâmide invertida**, que apresenta as informações em ordem decrescente de importância, ou seja, das mais para as menos relevantes. Nesse formato, prevalece o uso do *lead* – parágrafo inicial contendo as respostas às seis perguntas básicas (quem, o quê, quando, como, onde e por quê) – e, na sequência, são inseridos detalhes e informações adicionais para situar o leitor, o ouvinte ou o telespectador com relação ao ocorrido.

Figura 6.1 – Pirâmide invertida

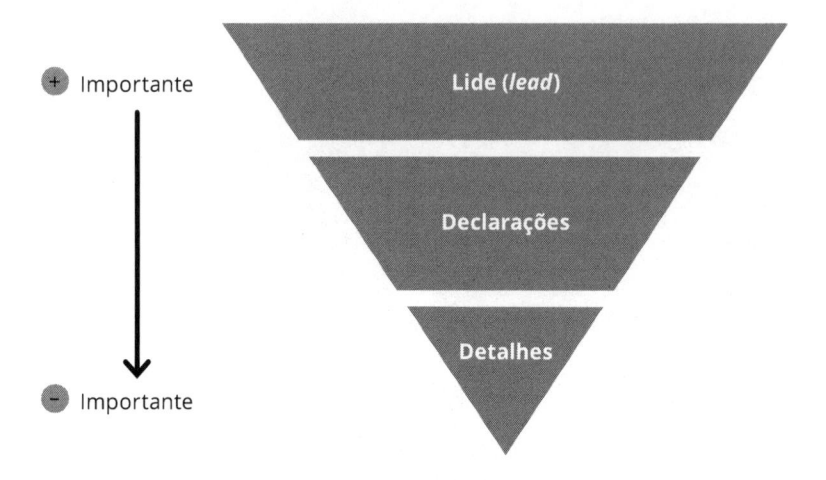

- ⊕ Importante
- Lide (*lead*)
- Declarações
- Detalhes
- ⊖ Importante

A fim de ilustrarmos essa explicação, utilizamos a técnica da pirâmide invertida para construir o texto anterior. Vejamos o resultado:

> No último dia 9, o secretário da Justiça do Estado do Acre, Vigêncio Luiz, tentou matar a tiros o pintor Alberto Juarez, na Praça do Souza, no centro de Tomasina. A tentativa de assassinato

> aconteceu em meio a um conflito por uma vaga de estacionamento na Rua Emengarda Aloísa, entre a Afonso Botelho e a Julio Cruz. Segundo testemunhas, Vigêncio Luiz estava tentando colocar seu automóvel na vaga quando Alberto Juarez estacionou o seu antes. De acordo com o pintor, o secretário da Justiça nem foi conversar com ele e já sacou a arma, dizendo que atiraria caso ele não retirasse o veículo. Um homem, que não quis ser identificado, segurou o secretário e o imobilizou pelas costas até a chegada da polícia. O delegado que investiga o caso, Manoel de Barros, informou que os dois serão encaminhados à oitiva e será aberto processo de investigação contra Vigêncio Luiz.

A princípio, a estrutura da pirâmide invertida deveria ser o suficiente para garantir a objetividade do texto, escrito em terceira pessoa e isento de adjetivos ou juízos de valor. No entanto, nem mesmo esse formato pode assegurar a imparcialidade do texto e a isenção de ideologia. Por essa razão, a maioria das reportagens navega, hoje, entre os dois estilos textuais – nariz de cera e pirâmide invertida –, com vistas a oferecer a seus consumidores uma organização informativa palatável, considerando-se a velocidade dos dias atuais.

Por outro lado, esse ritmo acelerado, bem como a globalização das notícias – por meio das quais é possível saber o que acontece em todos os cantos do mundo –, exige dos produtores de informação novos formatos de entrega desses relatos. Foi nesse contexto que surgiram revistas impressas que trazem textos com, no máximo, cinco frases, dando abertura para as notas serem vistas como notícias. Assim, podemos entender porque, na atualidade, é tão comum as pessoas consumirem simples manchetes ou vídeos curtos pelas redes sociais para se informar. O problema é que todos acham que podem ser produtores de notícias. Há memes ou gráficos que reúnem informações e as traduzem ao público sem ofertar a fonte ou, ainda, sem trazer a devida interpretação dos dados e números expostos. Os relatos acabam distorcidos e, muitas vezes, o texto de uma reportagem resume-se a uma manchete, porque a intenção é flanar na superfície. Quase tudo é recortado e, desse modo, constrói-se uma colcha de retalhos e todo mundo acredita que está se informando.

 A Pesquisa Brasileira de Mídia 2015, realizada pela Secretaria de Comunicação Social da Presidência da República, apontou resultados interessantes sobre os hábitos de consumo de informação e entretenimento pela população brasileira. Dos entrevistados, 95% afirmaram que assistem à TV – cada pessoa passa aproximadamente 4h 30min por dia em frente à telinha. O rádio, segundo veículo mais utilizado, atinge 55% dos brasileiros. Já a internet é acessada praticamente pela metade da população, sendo a maioria dos usuários pertencente a uma camada social ainda privilegiada.

Mais do que as diferenças regionais, são a escolaridade e a idade dos entrevistados os fatores que impulsionam a frequência e a intensidade do uso da internet no Brasil. Entre os usuários com ensino superior, 72% acessam a internet todos os dias, com uma intensidade média diária de 5h41, de 2ª a 6ª feira. Entre as pessoas com até a 4ª série, os números caem para 5% e 3h22. 65% dos jovens na faixa de 16 a 25 se conectam todos os dias, em média 5h51 durante a semana, contra 4% e 2h53 dos usuários com 65 anos ou mais. (Brasil, 2014)

A pesquisa também apresenta dados relativos ao nível de confiança dos entrevistados nos diferentes meios de comunicação. Para eles, o jornal impresso é o mais confiável, seguido pela televisão e pelo rádio, e a internet ainda é vista com certa desconfiança no que se refere ao consumo de informação.

Para sobreviver no meio midiático, os veículos precisam sentir as mudanças dos tempos e adaptar-se aos novos comportamentos. O jornalismo é uma das atividades mais afetadas por esses movimentos – tanto tecnológicos quanto de comunicação – e está em meio a uma ressignificação do que prover como informação e de como fazê-lo.

A grande rede veio para ficar, mas isso não significa que tira o protagonismo dos outros veículos. Aliás, pensando na distribuição democrática dos meios de comunicação, é preocupante que 95% da população tenha a televisão como principal fonte de informação e entretenimento – ainda mais porque, como a TV por assinatura é restrita a alguns públicos, há o predomínio da TV aberta, que tem de cinco a sete canais, concentrados nas mãos de pouquíssimas famílias com poder econômico ou político, conforme citamos anteriormente.

Nesse cenário, é impossível não pensar na necessidade de democratização dos meios, pulverização dos canais e estruturação de uma mídia que realmente represente todas as vozes brasileiras. Se não for assim, o público continuará consumindo apenas aquilo que lhe é oferecido. É por meio do jornalismo de qualidade que o jogo pode começar a virar.

6.4
Jornalismo de massa

Como mencionamos, 95% da população consome informação por meio da TV e, portanto, o jornalista precisa fazer um relato que converse com milhões de telespectadores ao mesmo tempo. Mas quem são essas pessoas? Em que trabalham? Qual é a idade delas? Que escola frequentam? É muito poder para uma mídia só, mas foi assim que o jornalismo nasceu e se conduziu durante muito tempo.

O jornalismo de massa é feito por veículos como TV, rádio, jornal e algumas revistas semanais. Ele recebe esse nome porque atinge uma grande quantidade de pessoas. No caso da TV, por exemplo, uma emissora de alcance nacional atinge mais de

150 milhões de pessoas – um conjunto heterogêneo nivelado por baixo para que um maior número de indivíduos seja realmente atingido.

Em suma, o intuito do jornalismo de massa é informar o maior número possível de pessoas, mas de nada adianta atingir esse público se ele não entende, não percebe e não visualiza a mensagem transmitida; por isso, o vocabulário adotado pelos veículos deve ser simples. Outros recursos, como gráficos e formatos inovadores de edição, podem ser utilizados para suscitar a reflexão. Na TV, por exemplo, por questões de tempo e por contar com a imagem como complemento, o jornalista tende a explicar os fatos superficialmente. Contudo, não há como mudar essa característica do meio e passar a fazer reportagens mais longas diariamente, pois os telespectadores estão acostumados com *flashes*. Há quem diga que é melhor não inovar muito para continuar a ter entrada nos lares brasileiros. O Jornal Nacional, líder de audiência há mais de 35 anos,

> em sua longa existência, passou por raríssimas alterações bruscas. Existe uma grande consciência da importância do sentido de familiaridade, memória e segurança que o formato gera. A estratégia de fidelização de criação de um hábito é quase uma coerção para que o principal noticiário da Globo mude muito pouco ano após ano. Houve, no entanto, uma modificação que criou uma nova etapa para JN. [...]

> Trata-se da substituição de Cid Moreira e Sergio Chapelin por William Bonner e Liliam Witte Fibe, em 1996 (Memória Globo, 2004: 287). Os apresentadores de bela voz deram lugar aos âncoras. Por trás da mudança, houve a tentativa de conquistar mais credibilidade para a notícia. Os novos apresentadores são jornalistas que participam ativamente da edição. Na história do JN os cenários também são importantes indicadores de mudanças não apenas cosméticas, mas de conteúdo.
> (Hernandes, 2006, p. 123)

Aqui é importante lembrarmos a visita dos professores de Jornalismo da Universidade de São Paulo (USP) à bancada do Jornal Nacional, quando William Bonner, agindo como *gatekeeper* e selecionando as matérias que entrariam ou não na edição da noite, informa que o brasileiro mediano não entenderia aquela notícia, comparando essa massa ao Homer Simpson, do desenho animado *Os Simpsons*. O professor Laurindo Leal Filho (2014), presente na ocasião, explica:

> A conversa com o apresentador, que é também editor-chefe do jornal, começa um pouco antes da reunião de pauta, ainda de pé numa antessala bem suprida de doces, salgados, sucos e café. E sua primeira informação viria a se tornar referência para todas as conversas seguintes. Depois de um simpático "bom-dia", Bonner informa sobre uma pesquisa realizada

pela Globo que identificou o perfil do telespectador médio do Jornal Nacional. Constatou-se que ele tem muita dificuldade para entender notícias complexas e pouca familiaridade com siglas como BNDES, por exemplo. Na redação, foi apelidado de Homer Simpson. Trata-se do simpático mas obtuso personagem dos Simpsons, uma das séries estadunidenses de maior sucesso na televisão em todo o mundo. Pai da família Simpson, Homer adora ficar no sofá, comendo rosquinhas e bebendo cerveja. É preguiçoso e tem o raciocínio lento.

A explicação inicial seria mais do que necessária. Daí para a frente o nome mais citado pelo editor-chefe do Jornal Nacional é o do senhor Simpson. "Essa o Homer não vai entender", diz Bonner, com convicção, antes de rifar uma reportagem que, segundo ele, o telespectador brasileiro médio não compreenderia.

Depois da grande repercussão dessa declaração, Bonner respondeu a Leal Filho explicando o que entende por *perfil Homer*:

> "Neste desafio, como exemplo do que seria o público médio nessa gama imensa, às vezes cito o personagem Lineu, de A Grande Família. Às vezes, Homer, de Os Simpsons. Nos dois casos, refiro-me a pais de família, trabalhadores, protetores, conservadores, sem curso superior, que assistem à TV depois da jornada de trabalho. No fim do dia, cansados, querem se informar sobre os fatos mais relevantes do dia de maneira clara e objetiva. Este é o Homer de que falo", afirmou. (Homer..., 2005)

Sem entrar em questões ideológicas, mesmo quando a percepção de massa tende a se resumir a um personagem, há diferenças de entendimento desse perfil. Talvez essa seja uma das razões pelas quais o jornalismo de massa está perdendo audiência, porque ser efetivo para um perfil é bem difícil. Essa queda não será necessariamente percebida nos próximos anos; no entanto, com o acesso a outras fontes de informação – proporcionadas pela própria internet –, fica mais difícil de a massa querer continuar sendo tratada como tal, em um nivelamento que faz alguns não entenderem o que é dito e outros se sentirem subestimados, em razão do modo como a informação lhes é fornecida.

Por isso, no jornalismo de massa, há certa segmentação. Cada jornal radiofônico ou televisivo tem um perfil de público ligeiramente diferenciado, e os espectadores têm liberdade de buscar os jornais ou as emissoras que atendam, de forma mais efetiva, a seus interesses. Por exemplo: a CBN e a Band News, emissoras de rádio *all news* – que veiculam notícias o dia inteiro –, têm seus públicos cativos e há também ouvintes que navegam entre uma e outra. Além disso, há uma microssegmentação do público que escuta os programas das rádios (diários ou especiais), ou seja, alguns ouvintes simpatizam com determinado âncora ou comentarista; outros preferem o programa X, em virtude do modo com as notícias são apresentadas etc.

Já o jornal impresso oferece, nesse escopo de nivelamento em geral, mais opções à sua audiência. Alguns leitores vão direto ao caderno de esportes e nem tocam nas demais editorias; outros releem as notícias diversas vezes para se informarem adequadamente – no jornal impresso isso é possível –; e há ainda aqueles que dão uma geral nas manchetes para selecionar as notícias que vão ler. Essa possibilidade de escolha por parte do público, associada à falta de acesso à internet, é um dos motivos por que o jornal impresso ainda não acabou. A manutenção desse veículo depende das estratégias adotadas pelas empresas que o comandam.

Com relação à internet como veículo de comunicação, há dois posicionamentos distintos na academia: de um lado, estão os que afirmam que ela é de massa porque atinge indefinidamente o conjunto de pessoas que a acessam e, de outro, os que dizem que é segmentada porque cada usuário escolhe o que quer acessar. Nesta obra, ficaremos com a segunda definição, pois, além de não ter ultrapassado a TV em acesso, o consumo dessa mídia está nas mãos do usuário. Em comparação com os outros veículos de massa, é o usuário quem define os conteúdos que vai consumir, isto é, ele decide sua caminhada – mesmo com a influência dos algoritmos –, e essas decisões o alimentam com mais informações de seu interesse, principalmente nas redes sociais. A internet ainda pode fornecer métricas precisas de quem está consumindo o quê, quando e como.

6.5
Jornalismo segmentado

Alguns autores e professores afirmam que há diferenças (sutis) entre o jornalismo especializado e o segmentado e, por isso, eles não podem ser tratados como sinônimos.

Quadro 6.1 – Comparativo entre o jornalismo segmentado e o especializado

Jornalismo segmentado	Jornalismo especializado
São as seções temáticas que o jornalismo cobre diariamente.	Trabalha com assuntos específicos, quase técnicos, e geralmente os veículos também são específicos.
Trata dos jornalismos esportivo, científico, cultural, literário, econômico, político etc. Sua função é traduzir os assuntos dessa área, de maneira mais aprofundada, para um público generalizado.	Abrange os veículos que tratam de assuntos específicos, como revistas e jornais voltados à indústria da madeira, às áreas médica e laboratorial ou à construção.
Não há a especialização do público; porém, as pessoas que consomem informações de determinada área com frequência acabam dominando seu vocabulário.	As notícias e as reportagens são produzidas para públicos específicos, chamados de *especializados*, os quais dominam os jargões de determinada área e seus termos técnicos.

Para visualizar quanto o jornalismo pode ser segmentado, visite uma banca de revistas – estas constituem um dos veículos que melhor exemplificam o processo de divisão do público em nichos de interesse. Há inúmeras publicações voltadas a leitores específicos: mulheres; homens; adolescentes; pessoas que gostam de automobilismo, artesanato, história, ciência, música, tatuagem etc.

Nos últimos anos, a revista foi o veículo que mais apostou na segmentação para manter-se na ativa. Com o jornal deixando de ser factual – papel agora assumido pela internet –, a revista parte para a análise mais detalhada dos fatos, para a reportagem mais longa e para a multiplicidade de fontes e abordagens. Essa função, em geral, é desempenhada pelas revistas de variedades, que muitas vezes apostam em escândalos e espetáculos para conseguir reposicionamento no mercado.

Nas seções a seguir, discorreremos sobre algumas áreas de destaque no jornalismo segmentado. Vale lembrarmos que esse tipo de jornalismo não está presente apenas nas revistas, mas também em jornais impressos (editorias específicas), páginas da internet e programas de TV ou rádio.

∴ Jornalismo científico

O jornalismo científico, como o próprio nome diz, debruça-se sobre as descobertas da ciência. É efetivamente um tradutor do caminhar científico. Segundo Oliveira (2010, p. 43-44),

A produção do jornalista e a do cientista detêm aparentemente enormes diferenças de linguagem e de finalidade. Vejamos como. Enquanto o cientista produz trabalhos dirigidos para um grupo de leitores, específico, restrito e especializado, o jornalista almeja atingir o grande público. A redação do texto científico segue normas rígidas de padronização e normatização universais, além de ser mais árida, desprovida de atrativos. A escrita jornalística deve ser coloquial, amena, atraente, objetiva e simples. A produção de um trabalho científico é resultado, não raro, de anos de investigação. A jornalística, rápida e efêmera. O trabalho científico normalmente encontra amplos espaços para publicação nas revistas especializadas, permitindo linguagem prolixa, enquanto o texto jornalístico esbarra em espaços cada vez mais restritos; e portanto deve ser enxuto, sintético.

O casamento maior da ciência e do jornalismo se realiza quando a primeira, que busca conhecer a realidade por meio do entendimento da natureza das coisas, encontra no segundo fiel tradutor, isto é, o jornalismo que usa a informação científica para interpretar o conhecimento da realidade.

É claro que o jornalismo científico requer, no mínimo, além de bom conhecimento de técnicas de redação, considerável familiaridade com os procedimentos da pesquisa científica, conhecimentos de história da ciência, de política científica e tecnológica, atualização constante sobre os avanços da ciência e contato permanente com as fontes, a chamada comunidade científica.

Os temas relativos à ciência normalmente são abordados em revistas ou jornais impressos, em editorias específicas. Os jornalistas que cobrem essa área devem dominar as ciências em geral e a metodologia científica.

∴ Jornalismo econômico

O jornalismo econômico tem uma missão que não é fácil: traduzir os números para o público. Precisa explicar ao grande público, por exemplo, os mecanismos da bolsa de valores, do Produto Interno Bruto (PIB), da valorização da moeda, entre outros. Por essa razão, esse jornalismo ainda é visto com receio por vários estudantes da área.

> Foi por conservadorismo, preconceito, má-fé ou mesmo por pura preguiça que se difundiu um mito segundo o qual as páginas de economia dos jornais só interessam e são entendidas por circunspectos senhores de paletó e gravata, sejam eles economistas, executivos, empresários, técnicos do governo ou profissionais do mercado financeiro. O que de modo algum é verdade. O que para muitos pode parecer apenas um código

cifrado, um emaranhado hermético de gráficos e números destinado apenas à leitura de iluminados e especialistas, é de fato um guia de sobrevivência indispensável para nossa vida cotidiana: é lá que estão as notícias sobre juros e inflação, tarifas públicas e aluguel, golpes e trambiques, sobre o preço da carne e do feijão, o emprego perdido e o salário reduzido. É preciso reconhecer que quem por vezes pode tornar o jornalismo econômico difícil e chato é o próprio jornalista. Isso ocorre quando o repórter ouve das suas fontes de informação uma série de explicações técnicas, um amontoado de expressões específicas (muitas em inglês) que realmente bem poucos entendem (às vezes nem mesmo ele, repórter) e se limita a transcrevê-las nesse mesmo jargão, o chamado "economês". O jornalista age assim como mero papagaio que insiste em imitar o dono. Ora, a linguagem jornalística é uma só. O texto sobre o déficit fiscal do governo deve ter a mesma simplicidade, objetividade e clareza de outro que descreve um confronto entre policiais e traficantes na favela, ou daquele que narra a súbita disposição de Romário em disputar a bola com o adversário. O que muda é apenas o tema. Se o leitor não entender o que leu é porque o jornalista não cumpriu sua função. (Caldas, 2010, p. 9)

Mais uma vez, recai nos ombros dos jornalistas a missão de traduzir informações. Nesse caso, eles precisam explicar com primazia os movimentos econômicos para a população em geral.

∴ Jornalismo cultural

O jornalismo cultural é considerado o *primo esnobe* das outras editorias e, muitas vezes, é tachado como supérfluo ou inútil. Apesar dos grandes ícones da área, como a revista *Bravo!*, os espaços para esse tipo de jornalismo foram diminuindo no Brasil, sob o efeito de uma sociedade funcionalista. Piza (2010, p. 114) relata sua experiência nessa área:

> Os temores que senti, principalmente nos primeiros cinco anos de carreira, eram de que o jornalismo cultural fosse caminhar para um plano ainda menor. O cerceamento da opinião crítica, a redução do espaço (seja do número de páginas do caderno, seja do tamanho de cada matéria), as pressões para o predomínio dos assuntos de grande audiência, regras de equivalência com as outras seções (como o uso obrigatório de títulos com verbo), o fim ou a transformação de muitos suplementos de livros – tudo isso me angustiava pelo simples fato de que eu percebia que um considerável número de leitores não era atendido, além da simples verificação de que os cadernos culturais diários sempre tiveram enorme poder de cativar o eleitorado.

No entanto, apesar dos problemas enfrentados, esse autor avalia o jornalismo cultural com certo otimismo: "É importante dizer também que [...] as seções culturais dos jornais diários e revistas semanais do país continuam mantendo um patamar mínimo de qualidade, com alguns profissionais que não se entregam ao superficialismo dos tempos" (Piza, 2010, p. 155).

O principal objetivo do jornalismo cultural é a cobertura e a crítica de manifestações artísticas e culturais, como artes plásticas, literatura, teatro, cinema e música. Além de conhecer esse universo, o profissional que atua nessa área deve estar apto a frequentar eventos e cobri-los de maneira séria, estabelecendo, sempre que possível, correlações entre diferentes produções artísticas.

∴ Jornalismo esportivo

Participar de jogos, muitas vezes, sem pagar; entrevistar as estrelas do vôlei e do futebol; acompanhar o perfil de um jogador de tênis; cobrir as Olimpíadas ou a Copa do Mundo. Todas essas atividades tornam o jornalismo esportivo um dos segmentos mais atraentes aos alunos de Jornalismo. Porém, antes de optar por determinada área, é importante o jornalista navegar por diversos segmentos para ingressar com mais maturidade naquele escolhido.

> Todas as semanas, gente que conseguiu nível salarial razoável no mercado de trabalho recebe e-mails de jovens profissionais que se apresentam. Há os que querem sua primeira oportunidade; os que sonham com um lugar em qualquer área do jornalismo e os que ainda nem entraram na faculdade, mas almejam praticar sua paixão: escrever sobre esportes. Vários deles entrarão no mercado de trabalho e deixarão suas marcas. Outros talvez nunca consigam sequer escrever uma linha sobre esportes. Questão de oportunidade. É duro ter chance em um mercado que solta milhares de jornalistas formados todos os anos. (Coelho, 2011, p. 26)

É preciso ter em mente que essa área é vasta e, portanto, não abrange apenas o futebol. Há quem acredite que, para reportar bem, basta o indivíduo ter conhecimento dos assuntos que aprecia, mas não é bem assim. Perceba a ironia presente no texto a seguir.

> De acordo com o mercado, o menino de 12 anos gostava de esporte. De futebol. Não sabia nada de jornalismo, por mais que o conhecimento que adquirisse viesse sempre de mãos dadas com o bom relato ou a boa matéria. O menino de 12 anos não sabia nada. O erro embutido nesse pensamento deriva de dois fatores. O primeiro é a arrogância de quem julga todo conhecimento jornalístico eminentemente

técnico. O que importa é saber construir uma boa história, priorizar a informação, ter noção exata de qual é o lide da matéria que está por nascer e o encadeamento de ideias para tornar a história suficientemente atraente. Tudo isso é bom jornalismo. É a síntese da profissão, que vive de apurar informações inéditas e construir matérias corretas. O que não exclui que, quanto mais bem formado for o jornalista, mais fácil será adquirir técnica. E o que é boa formação? A cada dia que passa, mais gente julga absolutamente dispensável a obrigatoriedade do diploma de jornalista para o exercício da profissão. E já ficou caduco mesmo esperar que o diploma seja o principal mecanismo para entrar no mercado de trabalho. O principal mecanismo é o conhecimento, que se adquire em bom curso de graduação em qualquer área. O bom advogado pode ser bom jornalista. O bom profissional formado em ciências sociais será capaz de decifrar os mecanismos que servem para construir uma boa matéria. Ou o que houver adquirido conhecimento nos bancos de faculdade e tiver nível teórico suficiente para não ser passado para trás em conversa com economista ou político. Este poderá até mesmo correr o risco de ser passado para trás por técnico ou jogador de futebol. Porque não raro aparece em campo de treino alguém trazendo na bagagem o mesmo nível de conhecimento teórico tanto de bola quanto do tufo da grama em que pisa. De futebol, todo mundo entende. De buraco de rua também. (Coelho, 2011, p. 41)

Evidentemente, há outros veículos e áreas de destaque no jornalismo segmentado além dos que apresentamos. O mais importante é o jornalista saber que pode trabalhar com o assunto de que mais gosta, traduzindo-o para seu público.

Síntese

Neste capítulo, discorremos sobre o perfil do profissional jornalista, que deve ser objetivo, ter bom senso para divulgar as histórias e usar de empatia para colocar-se no lugar dos personagens, mesmo sabendo que seu papel é denunciar o que precisa ser corrigido na sociedade.

Abordamos também as responsabilidades e os riscos da profissão e mencionamos alguns cuidados que o jornalista precisa tomar. É necessário um equilíbrio entre dizer a verdade publicamente e buscar outras estratégias de denúncia que não coloquem a vida do profissional em perigo.

Falamos sobre o consumo da informação nos dias atuais e enfatizamos que há um movimento migratório das mídias de massa, como TV, rádio e jornal impresso, em direção à internet;

entretanto, esse movimento depende muito do acesso à grande rede. Apontamos ainda alguns ajustes que boa parte dos veículos está fazendo para se manter no mercado.

Por fim, versamos sobre alguns dos principais segmentos do jornalismo, mas convém ressaltarmos que o espaço para a ação jornalística vai muito além dos veículos de informação. Com motivação, é possível ir muito longe.

Questões para revisão

1. Ações como falar a verdade, ser livre para reportar ou seguir os valores éticos podem ser muito perigosas para o jornalista. Então, como a sociedade pode confiar que as notícias produzidas realmente se aproximam da verdade do fato? E, mais do que isso, o que poderia ser feito para o público entender esses meandros da área? Em sua opinião, é necessário escancarar essa dicotomia? Por quê?

2. Atualmente, no Brasil, os jornalistas enfrentam diversos riscos no exercício da profissão. Em sua opinião, quais mecanismos poderiam aumentar a proteção deles?

3. Quais são as principais diferenças entre o jornalismo de massa e o segmentado?
    a) Quase não há diferenças, pois os dois fazem praticamente a mesma coisa.

b) O jornalismo de massa relata de tudo para todos, e o segmentado relata uma parte para os interessados.
c) O jornalismo segmentado é direcionado a públicos específicos, e o de massa não.
d) O jornalismo de massa nivela as informações por baixo, para atingir a maior parte do público, e o segmentado faz exatamente o oposto, ou seja, traz um texto erudito.
e) O jornalismo de massa é indicado para pessoas com baixa escolaridade, e o segmentado tem especializações de cada área do conhecimento.

4. De acordo com a Pesquisa Brasileira de Mídia 2015, realizada pela Secretaria de Comunicação Social da Presidência da República,

> Mais do que as diferenças regionais, são a escolaridade e a idade dos entrevistados os fatores que impulsionam a frequência e a intensidade do uso da internet no Brasil. Entre os usuários com ensino superior, 72% acessam a internet todos os dias, com uma intensidade média diária de 5h41, de 2ª a 6ª feira. Entre as pessoas com até a 4ª série, os números caem para 5% e 3h22. 65% dos jovens na faixa de 16 a 25 se conectam todos os dias, em média 5h51 durante a semana, contra 4% e 2h53 dos usuários com 65 anos ou mais. (Brasil, 2014)

Assinale a alternativa correta no que se refere ao consumo da internet no Brasil:

a) Quem estuda menos tem mais acesso à internet, o qual é mais frequente no meio rural.

b) Quem estuda mais usa mais a internet, o que condiz com a concentração de acesso a essa mídia nos grandes centros, onde está a maioria das instituições de ensino.

c) O nível de escolaridade não determina maior ou menor acesso à internet, mas a equipamentos como computadores e *tablets*.

d) As pessoas que estudaram até a 4ª série (atual 5º ano) estão mais suscetíveis às informações propagadas na internet porque cresceram sem ter acesso à grande rede.

e) Entre os jovens, os que mais se conectam à internet são os que têm menos escolaridade, ou seja, aqueles que estão distantes dos grandes centros educacionais.

5. Identifique o trecho que privilegia o uso do *lead*:

a) Naquela tarde, ela pensou que tinha morrido, mas, na verdade, levou cinco tiros não letais nos membros superiores e inferiores.

b) Duas carroças estavam estacionadas de maneira irregular, e o vizinho, aparentando estar muito contrariado, gritava constantemente.

c) No próximo sábado, às 7 horas, a cozinheira apresentará sua mais nova criação.
d) Não fomos além porque a luz natural acabou. Era muito cansaço para pouca gente.
e) Segundo o porteiro, o rapaz apareceu, pediu-lhe informações e foi embora.

Para praticar

Suponha que você acabou de ser contratado por um portal da internet. Um dos jornalistas responsáveis pelo plantão adoeceu e você terá de trabalhar no lugar dele. Justamente nessa noite, aconteceu um crime muito pesado: a esposa de um pastor foi encontrada em um quarto de hotel mediano, assassinada a facadas; antes de ser morta, a vítima foi estuprada. O corpo foi descoberto perto das 23 horas. Cerca de 10 minutos depois, você recebeu uma ligação na redação avisando-o do acontecido. O hotel é normalmente frequentado por prostitutas da região (centro da cidade) e seus clientes. A polícia isolou o local, chamando os peritos para colherem evidências do crime.

Com base nessas informações e nos conceitos apresentados no decorrer desta obra, produza uma notícia sobre o ocorrido. Porém, antes de criar o texto, responda às seguintes perguntas:

a) Você irá ao local do ocorrido? Por quê?
b) Que informações serão coletadas na redação ou no local do crime (caso tenha decidido ir até lá)?
c) Quem serão suas principais fontes de informação? Por quê?

d) Como você organizará no texto os dados coletados? O que virá antes e o que virá depois?
e) Haverá boxes especiais trabalhando outros vieses? Em caso afirmativo, do que eles tratarão?
f) Suas ideologias, sua bagagem cultural e de vida ou, até mesmo, seus preconceitos poderão influenciar a organização da informação? Por quê?
g) O que você fará para produzir um relato equilibrado?
h) Seu texto será objetivo, subjetivo ou mesclado? Por quê?
i) Que informações você publicará nessa primeira versão?
j) Você fará fotos? Em caso afirmativo, de que tipo?
k) Quando será a *deadline* para a publicação da matéria? Lembre-se de que a internet exige instantaneidade.
l) Em sua opinião, em que local o portal publicará seu relato e com qual destaque? Essa decisão depende do quê?

Para concluir...

Na apresentação desta obra, comentamos que teceríamos considerações e questionamentos desconfortáveis. Você deve ter percebido, no decorrer da leitura, que esse desconforto é necessário para evidenciar o papel questionador do jornalismo, que é fundamental à sociedade.

No Capítulo 1, ressaltamos que o jornalismo vai muito além dos noticiários televisivos da noite ou dos periódicos que figuram nas bancas de quase todas as cidades; ele está, na verdade, associado ao desenvolvimento da sociedade.

No Capítulo 2, analisamos a produção do relato de um fato e, também, como um acontecimento vira notícia. Discorremos sobre os parâmetros que definem os tipos de fato que devem ser pesquisados e publicados, além do conceito de *notícia*.

No Capítulo 3, versamos sobre a objetividade jornalística e sua importância para a prática profissional e analisamos o jornalismo como forma de conhecimento do mundo, instituição social e midiática, profissão e ciência.

No Capítulo 4, falamos sobre a autonomia e a liberdade do jornalista e refletimos sobre a subjetividade na área. Além disso, dissertamos sobre o produto-chave da atividade jornalística – a reportagem – e identificamos grandes nomes do jornalismo nos âmbitos nacional e internacional.

No Capítulo 5, abordamos alguns dos principais desafios do jornalismo e discorremos sobre o Novo Jornalismo e o jornalismo alternativo. Mostramos como a ascensão digital interfere na profissão e mencionamos possíveis áreas de atuação nesse mercado.

No Capítulo 6, analisamos o perfil do profissional jornalista e refletimos sobre as responsabilidades e os riscos dessa profissão e, ainda, sobre o consumo da informação nos dias atuais.

No decorrer deste livro, constatamos que "nem tudo são flores" na carreira jornalística. Talvez você tenha ficado chocado quando leu, por exemplo, a respeito dos vieses da área, da ausência de democratização nos veículos brasileiros e das mortes registradas no exercício da profissão.

Escrevemos esta obra com o propósito de alertar sobre a responsabilidade do jornalista na divulgação de informações ao grande público. Durante sua trajetória, ele certamente se envolverá com algumas histórias e tentará se afastar de outras – o que acontece com todos os seres humanos –, perceberá que nem todas as fontes são confiáveis e, sobretudo, entenderá a importância de manter-se íntegro, tomando cuidado para não expor alguém sem necessidade.

O bom jornalista sabe fazer denúncias, mas têm consciência de até onde pode ir. Ele passeia por diversos veículos até descobrir qual realmente o encanta. Escreve muito – defende seu texto, discute, escreve tudo de novo e o revisa. Fala para a câmera, comete gafes ao vivo, tropeça e levanta como se nada tivesse acontecido. Pede desculpas no ar, assume um erro e passa a checar todas as informações mais de duas vezes. Consegue colher informação mesmo de pessoas tímidas e colocar limite naquelas que falam demais, ou seja, sabe conduzir os entrevistados. E o principal: nunca perde o senso crítico, pois, por meio da informação, pode realizar mudanças, ainda que pequenas, na realidade em que está inserido.

Referências

110 JORNALISTAS foram mortos no mundo em 2015, segundo relatório. **RFI português do Brasil**, 29 dez. 2015. Disponível em: <http://br.rfi.fr/mundo/20151229-110-jornalistas-foram-mortos-no-mundo-em-2015-segundo-o-reporteres-sem-fronteira>. Acesso em: 2 out. 2017.

ABRAMO, C. **A regra do jogo**. São Paulo: Companhia das Letras, 1988.

ALBUQUERQUE, S. da M. e. Jornalismo não é ciência. **Observatório da Imprensa**, 4 set. 2012. Disponível em: <http://observatoriodaimprensa.com.br/jornal-de-debates/ed710-jornalismo-nao-e-ciencia/>. Acesso em: 2 out. 2017.

ARBEX, D. **Holocausto brasileiro**: vida, genocídio e 60 mil mortes no maior hospício do Brasil. São Paulo: Geração Editorial, 2003.

ALTHUSSER, L. **Ideologia e os aparelhos ideológicos do Estado**. 10. ed. São Paulo: Martins Fontes, 2007.

ATTON, C. **Alternative Media**. London: Sage Publications, 2006.

BARCELLOS, C. **Rota 66**: a história da polícia que mata. 29. ed. São Paulo: Globo, 1997.

BONA, N. **Meditsch e o conhecimento do jornalismo**: 15 anos depois. 2006. Disponível em: <https://www.academia.edu/28649337/Meditsch_e_o_conhecimento_do_Jornalismo_-_15_anos_depois>. Acesso em: 2 out. 2017.

BORGES, A. Blog: uma ferramenta para o jornalismo. In: FERRARI, P. **Hipertexto, hipermídia**: as novas ferramentas da comunicação digital. São Paulo: Contexto, 2007.

BORGES, M. A. G. A compreensão da sociedade da informação. **Ciência da Informação**, Brasília, v. 29, n. 3, set./dez. 2000. Disponível em: <http://www.scielo.br/scielo.php?script=sci_arttext&pid=S0100-19652000000300003&lng=pt&nrm=iso>. Acesso em: 2 out. 2017.

BOURDIEU, P. **Para ver a televisão**. Oeiras: Celta, 1997.

BOURDIEU, P.; CHAMBOREDON, J-C.; PASSERON, J-C. **El Oficio de Sociólogo**. 15. ed. Madrid: Siglo Veintiuno Editores, 1993.

BRAGA, R. O excesso de informação: a neurose do século XXI. **Mettodo**. Disponível em: <http://www.mettodo.com.br/pdf/O%20Excesso%20de%20Informacao.pdf>. Acesso em: 2 out. 2017.

BRASIL. Presidência da República. Secretaria de Comunicação Social. **Pesquisa brasileira de mídia 2015**: hábitos de consumo de mídia pela população brasileira. Brasília: Secom, 2014. Disponível em: <http://www.secom.gov.br/atuacao/pesquisa/lista-de-pesquisas-quantitativas-e-qualitativas-de-contratos-atuais/pesquisa-brasileira-de-midia-pbm-2015.pdf>. Acesso em: 2 out. 2017.

BRUM, E. A menina quebrada: uma carta para Catarina, que descobriu que até as crianças quebram. **Época**, 28 jan. 2013. Disponível em: <http://revistaepoca.globo.com/Sociedade/eliane-brum/noticia/2013/01/menina-quebrada.html>. Acesso em: 2 out. 2017.

BUCCI, E. **A imprensa e o dever da liberdade**: a independência editorial e suas fronteiras com a indústria do entretenimento, as fontes, os governos, os corporativismos, o poder econômico e as ONGs. São Paulo: Contexto: 2009.

CAHEN, R. **Tudo que seus gurus não lhe contaram sobre comunicação empresarial**. São Paulo: Best Seller, 1990.

CALDAS, S. **Jornalismo econômico**. São Paulo: Contexto, 2010. (Coleção Comunicação).

CARAZZAI, E. H. Magistrados entram com dezenas de ações contra jornalistas no PR. **Folha de S. Paulo**, Curitiba, 7 jun. 2016. Disponível em: <http://www1.folha.uol.com.br/poder/2016/06/1778916-magistrados-entram-com-dezenas-de-acoes-contra-jornalistas-no-pr.shtml>. Acesso em: 2 out. 2017.

CARVALHO, C. A. O que veio primeiro: o jornal ou o jornalismo? In: LEAL, B. S.; ANTUNES, E.; VAZ, P. B. (Org.). **Para entender o jornalismo**. Belo Horizonte: Autêntica, 2014.

COELHO, P. V. **Jornalismo esportivo**. São Paulo: Contexto, 2011.

DALLA COSTA, R. M. C.; MACHADO, R. C.; SIQUEIRA, D. **Teoria da comunicação na América Latina**: da herança cultural a uma identidade própria. Curitiba: Ed. da UFPR, 2006.

DICKENS, C. Um homem é guilhotinado em Roma. In: LEWIS, J. **O grande livro do jornalismo**: 55 obras-primas dos melhores escritores e jornalistas. Tradução de Marcos Santarrita. Rio de Janeiro: José Olympio, 2008. p. 13-18.

DIMENSTEIN, G. Volume de informações gerada por ano no mundo dobrou em três anos. **Folha de S.Paulo**, 4 nov. 2003. Disponível em: <http://www1.folha.uol.com.br/folha/dimenstein/noticias/gd041103h.htm>. Acesso em: 2 out. 2017.

DIMENSTEIN, G.; KOTSCHO, R. **A aventura da reportagem**. São Paulo: Summus, 1990.

ERBOLATO, M. L. **Técnicas de codificação em jornalismo**: redação, captação e edição do jornal diário. 5. ed. São Paulo: Ática, 2008.

FENAJ – Federação Nacional dos Jornalistas. **Código de ética dos jornalistas brasileiros**. 2007. Disponível em: <http://fenaj.org.br/wp-content/uploads/2014/06/04-codigo_de_etica_dos_jornalistas_brasileiros.pdf>. Acesso em: 2 out. 2017.

FERRARI, P. **Jornalismo digital**. São Paulo: Contexto, 2010.

FONSECA, B. et al. A pior profissão do mundo. **Agência Pública**, 10 jun. 2013. Disponível em: <http://apublica.org/2013/06/pior-profissao-mundo/>. Acesso em: 2 out. 2017.

GELLHORN, M. Justiça à noite. In: LEWIS, J. **O grande livro do jornalismo**: 55 obras-primas dos melhores escritores e jornalistas. Tradução de Marcos Santarrita. Rio de Janeiro: José Olympio, 2008. p. 135-142.

GENRO FILHO, A. **O segredo da pirâmide**: para uma teoria marxista do jornalismo. Porto Alegre: Tchê, 1987.

GONÇALVES, V.; RODRIGUES, A. Após uma semana, iG também demite editora de repórter assediada por MC Biel. **Portal Imprensa**: jornalismo e comunicação na web, 24 jun. 2016. Disponível em: <http://portalimprensa.com.br/noticias/ultimas_noticias/77647/apos+uma+semana+ig+tambem+demite+editora+de+reporter+assediada+por+mc+biel>. Acesso em: 2 out. 2017.

GRAMSCI, A. **Cadernos do cárcere**. Rio de Janeiro: Civilização Brasileira, 2006. v. 2.

GUARESCHI, P.; BIZ, O. **Mídia, educação e cidadania**. Porto Alegre: Vozes, 2005.

GUERREIRO NETO, G. O jornalismo como instituição social. In: CONGRESSO BRASILEIRO DE CIÊNCIAS DA COMUNICAÇÃO, 35., 2012, Fortaleza. **Anais**... Fortaleza: Intercom, 2012. Disponível em: <http://www.intercom.org.br/sis/2012/resumos/R7-1793-1.pdf>. Acesso em: 2 out. 2017.

HERNANDES, N. **A mídia e seus truques**: o que jornal, revista, TV, rádio e internet fazem para captar e manter a atenção do público. São Paulo: Contexto, 2006.

HERSEY, J. Hiroshima. In: LEWIS, J. **O grande livro do jornalismo**: 55 obras-primas dos melhores escritores e jornalistas. Tradução de Marcos Santarrita. Rio de Janeiro: José Olympio, 2008. p. 183-188.

____. **Hiroshima**. Tradução de Hildegard Feist. São Paulo: Companhia das Letras, 2014.

HOMER Simpson, o brasileiro médio, segundo Bonner. **Estadão**, 6 dez. 2005. Disponível em: <http://cultura.estadao.com.br/noticias/geral,homer-simpson-o-brasileiro-medio-segundo-bonner,20051206p5280>. Acesso em: 2 out. 2017.

JORGE, T. de M. **Manual do foca**: guia de sobrevivência para jornalistas. São Paulo: Contexto, 2008.

KÖNIG, M. Quando viver se torna um ato de rebeldia. **Gazeta do Povo**, 22 maio 2015. Disponível em: <http://www.gazetadopovo.com.br/caderno-g/g-ideias/quando-viver-e-um-ato-de-rebeldia-ct4w9l3xdketj914oaivce8f9>. Acesso em: 2 out. 2017.

KUCINSKI, B. **Jornalistas e revolucionários**: nos tempos da imprensa alternativa. 2. ed. São Paulo: Edusp, 2001.

LAGE, N. **Teoria e técnica do texto jornalístico**. Rio de Janeiro: Elsevier, 2005.

LEAL FILHO, L. L. Um dia com William Bonner e nove mestres da USP. **Jornal GGN**, 20 ago. 2014. Disponível em: <https://jornalggn.com.br/noticia/um-dia-com-william-bonner-e-nove-mestres-da-usp>. Acesso em: 2 out. 2017.

LEWIS, J. **O grande livro do jornalismo**: 55 obras-primas dos melhores escritores e jornalistas. Tradução de Marcos Santarrita. Rio de Janeiro: José Olympio, 2008.

LIMA, E. P. **Páginas ampliadas**: o livro-reportagem como extensão do jornalismo e da literatura. Barueri: Manole, 2009.

MARX, K. **O capital**: crítica da economia política. Disponível em: <https://www.marxists.org/portugues/marx/1867/capital/livro1/index.htm>. Acesso em: 2 out. 2017.

MATOS, G. G. de. **Comunicação aberta**: desenvolvendo a cultura do diálogo. Barueri: Manole, 2015.

MEDITSCH, E. B. V. **O conhecimento do jornalismo**. Florianópolis: Ed. da UFSC, 1992.

____. O jornalismo é uma forma de conhecimento? In: HOHLFELDT, A.; GOBBI, M. C. (Org.). **Teoria da comunicação**: antologia de pesquisadores brasileiros. Porto Alegre: Sulina, 2004.

____. **O jornalismo é uma forma de conhecimento?** 1997. Disponível em: <http://www.bocc.ubi.pt/pag/meditsch-eduardo-jornalismo-conhecimento.pdf>. Acesso em: 2 out. 2017.

MELO, I. A. de. **A defesa de uma nova objetividade jornalística**: a intersubjetividade. 2007a. p. 1-7. Disponível em: <http://www.bocc.ubi.pt/pag/melo-isabelle-intersubjectividade.pdf>. Acesso em: 2 out. 2017.

____. **A notícia como forma de conhecimento segundo Robert Park**. 2007b. p. 1-11. Disponível em: <http://www.bocc.ubi.pt/pag/melo-isabelle-noticia-como-forma-conhecimento.pdf>. Acesso em: 2 out. 2017.

MORAIS, F. **Chatô**: o rei do Brasil. São Paulo: Companhia das Letras, 1994.

NOBLAT, R. **A arte de fazer um jornal diário**. 8. ed. São Paulo: Contexto, 2012. (Coleção Comunicação).

O BRASIL recua cinco posições no Ranking Mundial da Liberdade de Imprensa da RSF. **Repórteres sem Fronteiras**, 20 abr. 2016. Disponível em: <https://rsf.org/pt/noticia/o-brasil-recua-cinco-posicoes-no-ranking-mundial-da-liberdade-de-imprensa-da-rsf>. Acesso em: 2 out. 2017.

OLIVEIRA, D. de. Jornalismo alternativo: o utopismo iconoclasta. In: ENCONTRO NACIONAL DE PESQUISADORES EM JORNALISMO, 7., 2009, São Paulo. **Anais**... São Paulo: Edusp, 2009. Disponível em: <https://pt.scribd.com/document/358462363/Jornalismo-alternativo-o-utopismo-iconoclasta-pdf>. Acesso em: 2 out. 2017.

OLIVEIRA, F. **Jornalismo científico**. São Paulo: Contexto, 2010.

ONU – Organização das Nações Unidas. **Declaração Universal dos Direitos Humanos**. Unic Rio, jan. 2009. Disponível em: <http://www.onu.org.br/img/2014/09/DUDH.pdf>. Acesso em: 2 out. 2017.

PENA, F. **Teoria do jornalismo**. São Paulo: Contexto, 2005.

PERUZZO, C. M. K. Conceitos de comunicação popular, alternativa e comunitária revisitados. Reelaborações no setor. **Palabra Clave**, Universidad de La Sabana, Cundinamarca, v. 11, n. 2, 2008. Disponível em: <http://palabraclave.unisabana.edu.co/index.php/palabraclave/article/view/1503/1744>. Acesso em: 2 out. 2017.

PEUCER, T. Os relatos jornalísticos. Tradução de Paulo da Rocha Dias. **Estudos em Jornalismo e Mídia**, v. I, n. II, p. 13-29, 2004.

PINKER, S. **O instinto da linguagem**. Rio de Janeiro: Martins Fontes, 2004.

PIZA, D. **Jornalismo cultural**. São Paulo: Contexto, 2010.

RAMONET, I. **A explosão do jornalismo**: das mídias de massa à massa de mídias. São Paulo: Publisher Brasil, 2012.

RENAJOC – Rede Nacional de Adolescentes e Jovens Comunicadores. **Direito humano à comunicação**. Disponível em: <http://renajoc.org.br/direito-humano-a-comunicacao/>. Acesso em: 2 out. 2017.

RIBEIRO, J. H. **O gosto da guerra**. Rio de Janeiro: Objetiva, 2005.

ROCHA, P. M. **A importância do jornalismo como ciência no processo de profissionalização da carreira**. 2008. Disponível em: <http://www.bocc.ubi.pt/pag/rocha-paula-importancia-jornalismo.pdf>. Acesso em: 2 out. 2017.

ROSSI, C. **O que é jornalismo?** São Paulo: Brasiliense, 1980. (Coleção Primeiros Passos).

RUSSELL, W. H. A batalha de Balaclava. In: LEWIS, J. **O grande livro do jornalismo**: 55 obras-primas dos melhores escritores e jornalistas. Tradução de Marcos Santarrita. Rio de Janeiro: José Olympio, 2008. p. 19-33.

SILVA, G. Para pensar critérios de noticiabilidade. **Estudos em Jornalismo e Mídia**, v. II, n. I, p. 95-107, 2005.

SMITH, M. Kennedy assassinado. In: LEWIS, J. **O grande livro do jornalismo**: 55 obras-primas dos melhores escritores e jornalistas. Tradução de Marcos Santarrita. Rio de Janeiro: José Olympio, 2008. p. 243-245.

STEINEM, G. **Memórias da transgressão**: momentos da história da mulher no século XX. Rio de Janeiro: Record; Rosa dos Tempos, 1997.

TRAQUINA, N. **Teorias do jornalismo**: volume 1 – porque as notícias são como são. 2. ed. Florianópolis: Insular, 2005.

_____. **Teorias do jornalismo**: volume 2 – a tribo jornalística: uma comunidade interpretativa transnacional. 2. ed. Florianópolis: Insular, 2008.

WOLF, M. **Teorias da comunicação**. Lisboa: Editorial Presença, 1999.

WOLFE, T. **Radical chique e o novo jornalismo**: o espírito de uma época em que tudo se transformou radicalmente, inclusive o jeito de fazer reportagem. São Paulo: Companhia das Letras, 2005.

Respostas

Capítulo 1

1. Alguns possíveis entrevistados: vítimas, líderes comunitários e órgãos responsáveis pelo socorro (Corpo de Bombeiros, Brigada Militar, Guarda Municipal, Defesa Civil etc.). É possível também entrar em contato com especialistas em desastres naturais, estudiosos do clima, profissionais do urbanismo etc. Além disso, é importante verificar na internet o histórico de desastres naturais na localidade, especialmente para analisar o ocorrido por um viés crítico.
2. Resposta pessoal.
3. a
4. b
5. c

Capítulo 2

1. Resposta pessoal. Os leitores que responderem que é possível não esboçar opinião no texto jornalístico deverão apresentar argumentos que justifiquem esse posicionamento. Outros poderão defender que, mesmo que o estilo textual seja objetivo, o jornalista vai se mostrar nas entrelinhas, por meio da organização das informações e de sua bagagem cultural.

2. Resposta pessoal. É possível que o leitor entenda o serviço público como o critério mais importante, visto que a falta de informações – por exemplo, sobre desastres naturais ou contaminações por vírus – pode acarretar diversos riscos à sociedade.
3. b
4. d
5. c

Capítulo 3

1. Espera-se que o leitor saiba interpretar os procedimentos relacionados à produção de uma notícia, entendendo o texto final como o relato (oral ou escrito) de novos acontecimentos, que propicia à sociedade a aquisição de conhecimentos ou a percepção de como os fatos ocorrem.
2. O leitor deve ter maturidade para entender que a objetividade jornalística é uma busca, mas nunca o resultado final. O uso da impessoalidade, a ausência de adjetivos e a busca por declarações de todos os envolvidos revelam, de certa forma, essa objetividade. Por outro lado, a subjetividade está ligada à maneira como a informação é tratada, ao ordenamento do texto, aos vocábulos escolhidos e à abordagem do fato.
3. b
4. b
5. d

Capítulo 4

1. Espera-se que o leitor cite como exemplos o assassinato de pessoas públicas ou a exposição de menores (protegidos por lei) ou de outros indivíduos em situações vexatórias, sem que isso agregue informação – há diferença entre a imagem de alguém carregando uma mala

de dinheiro e a de um sujeito visivelmente bêbado falando besteiras. Em certos casos, a apuração de um fato pode se tornar um perigo à vida do profissional, como o que aconteceu com Tim Lopes.
2. Ao revelar sua ideologia ou sua tendência política abertamente, o veículo pode receber críticas e perder consumidores dessa informação. Por outro lado, conquista maior credibilidade, na medida em que aponta claramente sob quais filtros as notícias são produzidas.
3. d
4. b
5. d

Capítulo 5

1. Essa pergunta favorece a reflexão sobre os procedimentos de produção de notícias. O leitor pode sugerir a criação de códigos específicos de comportamento, a revisão do código de ética e mudanças nas leis para punir os jornalistas que não são responsáveis ou éticos. É possível ainda pensar sobre a censura ao trabalho jornalístico nesse caso. Enfim, essa questão pode servir como ponto de partida para um debate ou um fórum de discussão.
2. É provável que alguns leitores respondam que o processo de curadoria não se configura como uma prática do jornalismo, já que o profissional não produz as notícias, somente as seleciona. Porém, outros certamente dirão que esse trabalho necessita de alguém que entenda o que é valor-notícia, saiba avaliar um texto informativo e cheque as informações que não estão claras, ou seja, de um jornalista.
3. c
4. a
5. c

Capítulo 6

1. Essa questão provoca uma reflexão sobre a liberdade e os riscos da profissão. O leitor pode dizer que o jornalista, assim como a sociedade em geral, não tem total liberdade de expressão, mencionando que um profissional competente consegue, muitas vezes, driblar esse problema. Pode comentar ainda que o jornalista é capaz de expressar essas questões no próprio texto noticioso, apontando que nem todas as informações necessárias são passíveis de publicação. Por fim, pode dizer que nenhum profissional goza de plena liberdade para fazer o que bem entende e que, no jornalismo, há vários controles sociais (formais ou não).
2. Algumas respostas possíveis: maior responsabilização das empresas de comunicação pela vida de seus funcionários; mudanças nas leis para garantir a segurança do jornalista no exercício da profissão; e aplicação das leis já existentes, punindo com rigor aqueles que ameaçarem ou impedirem o trabalho do jornalista.
3. b
4. b
5. c

Sobre a autora

Nivea Canalli Bona é doutora em Comunicação Social pela Universidade do Vale do Rio dos Sinos (Unisinos); mestre em Comunicação Social pela Universidade Metodista de São Paulo (Umesp); especialista em Comunicação pela Pontifícia Universidade Católica do Paraná (PUCPR); e graduada em Jornalismo também pela PUCPR.

Em 1998, fundou a Priory Comunicação e Design, onde trabalhou durante 10 anos produzindo *full* comunicação para diversas empresas.

Lecionou Comunicação em diversos cursos, como Secretariado Executivo, Turismo e Administração. Ajudou a implementar o primeiro currículo dos cursos de Comunicação Social (Jornalismo, Publicidade e Propaganda e Produção Editorial Multimídia) no Centro Universitário Internacional Uninter e lecionou dezenas de disciplinas nas três habilitações.

Coordenou a produção de conteúdo de disciplinas em formato EaD na Universidade Positivo (UP), onde lecionou Comunicação e Expressão para cursos das áreas de Saúde e Ciências Exatas. De 2013 a 2015, foi coordenadora do curso de Jornalismo da Uninter.

Escreveu o livro *Publicidade e propaganda: da agência à campanha* e, atualmente, participa de três grupos de pesquisa: Processocom (Unisinos), Comuni (Umesp) e Jornalismo Alternativo na Era Digital (Centro Universitário Internacional Uninter).

É sócia da Sociedade Brasileira de Estudos Interdisciplinares da Comunicação (Intercom), da Asociación Latinoamericana de los Investigadores de la Comunicación (Alaic) e da International Association for Media and Communication Research (IAMCR).

Impressão:
Outubro/2017